Jürgen Kessler (Hrsg.) · Hanns Dieter Hüsch

Jürgen Kessler (Hrsg.)

Hanns Dieter Hüsch
Kabarett
auf eigene Faust

50 Bühnenjahre

Karl Blessing Verlag

Umwelthinweis:
Dieses Buch und der Schutzumschlag wurden
auf chlorfrei gebleichtem Papier gedruckt.
Die Einschrumpffolie (zum Schutz vor Verschmutzung)
ist aus umweltfreundlicher und recyclingfähiger PE-Folie.

Der Karl Blessing Verlag ist ein Unternehmen
der Verlagsgruppe Bertelsmann.

1. Auflage
Copyright © 1997 bei
Karl Blessing Verlag GmbH, München
Umschlaggestaltung: Fritz Lüdtke/Adam Volohonsky, München
Herstellung: Katharina Storz
Satz: Uhl + Massopust, Aalen
Druck: RMO, München
Bindung: Großbuchbinderei Monheim
Printed in Germany
ISBN 3-89667-051-4

Inhalt

Ins Stammbuch geschrieben

von Jürgen Kessler

Unser Planet ist eine Benutzeroberfläche, die Erde an sich ist ein Archiv. Wenn das Leben nur zwischen Chaos und mehr oder weniger geordnetem Durcheinander verläuft und sich nicht an Handbücher, Bedienungsanleitungen und dergleichen hält, soll der Nachwelt wenigstens sortiert übergeben werden, was die Menschheitsgeschichte alles hervorgebracht hat. So finden sich beinahe alle zivilisatorischen Errungenschaften in Spezialarchiven wieder – in Deutschland beispielsweise in Literaturarchiven, Filmarchiven, einem Archiv für zeitgenössische Musik, diversen Theaterarchiven und eben auch, seit 36 Jahren in Mainz am Rhein, einem Kabarettarchiv.

In den fünfziger Jahren von Reinhard Hippen in Leer/Ostfriesland begründet und 1961 in Mainz angesiedelt, 1989 von der Stadt Mainz nach vielen Jahren der Förderung in Eigentum übernommen, wuchs das Archiv zu einer Einrichtung heran, die, im deutschsprachigen Raum einzigartig, auf dem Gebiet Kabarett und Kleinkunst umfassend sammelt, archiviert und dokumentiert, was in den vielfältigen Erscheinungsformen dieser Kunstgattung entstanden ist. Diesen Rang anerkennend, hat sich das Land Rheinland-Pfalz bereit erklärt, künftig gemeinsam mit der Stadt Mainz unter

dem Dach der Kulturstiftung Rheinland-Pfalz die »Stiftung Deutsches Kabarettarchiv« zu tragen.

Dem Werdegang zur allseits anerkannten Institution entspricht, daß sich das Kabarett selbst erst im Laufe der Zeit zu einem als eigenständig anerkannten Genre entwickelt hat.

Am 18. Januar 1901 wurde in Berlin mit dem Programm »Buntes Theater« des »Über-Brettl« genannten Ensembles (in Anlehnung an Nietzsches Über-Mensch) von dem vornehmen Baron Ernst von Wolzogen das erste Kabarett in Deutschland aus der Taufe gehoben. Abgeguckt hatte man die große Kunst der kleinen Form in Paris, wo 20 Jahre zuvor das erste »Cabaret« in der Künstlerkaschemme »Chat Noir« am Montmartre das Licht der Welt erblickt hatte. Bohemiens prägten das Erscheinungsbild der ersten Stunde, literarisches Cabaret war en vogue. Bald eingedeutscht, mit hartem K und zwei t, geriet es zum Experimentierfeld von Kaffeehaus-Literaten, Dadaisten und Expressionisten; Jakob van Hoddis sei hier stellvertretend genannt. Kurt Tucholsky und Walter Mehring sind herausragende Kabarettautoren der aufregenden zwanziger Jahre: Wortführer kämpferischer Satire, die daneben aber auch Poetisches oder hinreißend Komisches zur Unterhaltung ihres Publikums schrieben. Die Mischung machte es. Nicht umsonst stammt der Name Cabaret von der in Fächer eingeteilten Salatplatte ab: immer bereit zum bunten Durch-, Gegen- und Nebeneinander verschiedener Formen für verschiedene Geschmäcker. In der Plattenmitte befand sich das Fach für die alles verbindende Soße. Diese Rolle kam dem Présentateur oder Conférencier zu. Rodolphe Salis, Gründer des »Chat Noir«, war der erste seiner Zunft.

Für Bert Brecht diente Kabarett als Anregung für seine Theorie vom epischen Theater. Mit den Chansons eines Friedrich Hollaender und den Couplets eines Otto Reutter trieb Kabarett sich in großen Revuen und auf Varietébühnen herum, bis hin zum Tingeltangel, dem Grenzbereich zum Amourösen. Es verkörpert mit Karl Valentin volkstümlich-absurd den entwurzelten Komiker von der traurigen Gestalt. Für Werner Finck indes, dessen Gesamtnachlaß sich im Mainzer Archiv befindet, und viele andere, wurde es in den dreißiger Jahren zum Überlebensrisiko. Druckwerke vieler Satiriker gingen am 10. Mai 1933 in Nazi-Flammen auf. Viele Kabarettisten und Satiriker verbrachten das sogenannte tausendjährige Reich zum Teil im Exil, zum Teil auch im KZ.

Nach dem Krieg beginnt eine wahre Renaissance des Kabaretts: In Trizonesien singt es trotzig-melancholisch: *Hurra, wir leben noch*; im »Kom(m)ödchen« setzt es neue Maßstäbe im politisch-literarischen Anspruch, und mit den »Insulanern« swingt es in den Kalten Krieg. Es trommelt mit Wolfgang Neuss die Folgen der Wirtschaftswunderjahre ins bundesdeutsche Bewußtsein und feiert mit der »Münchner Lach- und Schießgesellschaft« und den

Berliner »Stachelschweinen« bald telegen Silvester. So wird es einem breiteren bürgerlichen Publikum allmählich zum Begriff. Mit »Väterchen Franz« (Franz-Josef Degenhardt) singt es in den Sechzigern gegen das Wiederaufkommen der Neonazis an, agitiert mit der Apo in die wilden siebziger Jahre hinein und erklärt am Ende durch Hanns Dieter Hüschs »Hagenbuch« alle(s) für krank und verrückt. In den Achtzigern parodiert es hauptsächlich Kohl, hält mit Richard Rogler die geistig-moralisch gewendete Freiheit im Zynismus aus und entdeckt mit dem aufkommenden Privatfernsehen zunehmend seinen Marktwert.

Seitdem ist politisch begründetes Engagement spürbar hinter die Unterhaltung zurückgetreten, was nicht nur für das Kabarett der neunziger Jahre symptomatisch und längst nicht allein den aktiven Künstlern anzulasten ist. Formen des Kabaretts wurden TV-gefällig aufgepeppt: Aus Komikern wurden Comedians, aus dem Schwank wurde die »sitcom« (Situationskomödie), aus der Klamotte die Comedy – meist hochgejubelt, oft abgrundtief banal. »Heute brauchste Humor für dat, wat andere für Humor halten«, sagte Wolfgang Gruner dazu. Eine Generation lacht ab.

Kabarett als Spielform der Satire wurde im Verlauf des 20. Jahrhunderts indes zu einem eigenständigen Genre der darstellenden Kunst. Das Interesse bei Wissenschaft und Forschung steigt seit einigen Jahren spürbar. Viele Studenten promovieren über kabarettbezogene Themen, und regelmäßig dient das Deutsche Kabarettarchiv als Forschungsstätte.

Grundsätzlich gehört Kabarett nicht zur Literatur, es ist auch kein Theater zweiter Klasse; in dieser Beurteilung ist man sich weitgehend einig. Es ist von eigener Art;

kann zeitlos sein und schnell verdaulich, gut oder schlecht, wie alles andere auch. Es ist stets ein Abbild seiner Zeit und seiner Akteure; jeder, jede für sich ist im besten Falle ein Unikat.

Kabarett ist im Laufe des Jahrhunderts als Unterhaltungskulturgut gesellschaftsfähig geworden. Es kann auf eine eigene Tradition zurückblicken, gerade weil es immer wieder anders ist. Einige seiner Merkmale, nämlich auseinandersetzungsbereit, aufklärend und bewußtseinsbildend zu sein, erscheinen heute eher klassisch, konservativ, vielen zuweilen anstrengend. Wenn es sich als kulturelle Begleitschiene des Politischen, des Gesellschaftlichen, ernst nimmt, steht es (wieder) im Gegenwind der berüchtigten Zeitgeisterscheinungen. Das ist erfreulich und sollte Produktives, Kreatives fördern. »Die Wut ist jung«, sang die unvergessene Lore Lorentz noch kurz vor ihrem Tode. So lebendig ist es, das engagierte Kabarett, wenn es Unterhaltung mit Haltung verbindet.
Es lebt durchaus, nistet immer wieder in neuen Köpfen und schert sich nicht um jene, die es alle naslang totsagen wollen und damit nur ihr eigenes Urteilsvermögen offenbaren. Es ist keineswegs in die Jahre gekommen, wenn es heute auf eine sechsundneunzigjährige, sehr deutsche Geschichte zurückblicken kann.

Und eben diese Geschichte wird im Deutschen Kabarettarchiv in Mainz gesammelt, bewahrt, aufgearbeitet und zugänglich gemacht.

Von rheinland-pfälzischen Schülern bis zu Dieter Hildebrandt, der für ein historisches Programm im Archiv recherchierte, spannt sich der Bogen der Besucher. Benutzer kommen aus aller Welt: aus England, Israel, Italien, Dänemark, Österreich, den Niederlanden, USA und Japan. Eine amerikanische Doktorandin von der Yale-University forschte vor kurzem über das Kabarett der Jahrhundertwende und die Rolle des Spielmannes im Mittelalter als dessen historischem Vorläufer.

Zu über 60 000 Namen und Stichwörtern aus den Bereichen Kabarett/Satire finden sich Texte und Belege in der Rheinstraße 48. Das Notenarchiv der klassischen Kabarett-Chansonliteratur ist das größte seiner Art und wird wöchentlich von Nutzern in Anspruch genommen. Ausstellungen des Archivs sind regelmäßig auf Wanderschaft: »Mit Hammer und Harfe. Kleine Bildergeschichte des Kabaretts« und »Hurra, Humor ist eingeplant. Zur Geschichte des Kabaretts der DDR«. Glücklicherweise konnte das Archiv nach der Wende seinen umfänglichen Beständen zahlreiche neue Materialien hinzufügen, die das Kabarettleben der DDR von 1949 bis 1989 dokumentieren. Ein Kapitel für sich.

Bedeutende Persönlichkeiten des Genres haben ihren künstlerischen Nachlaß dem Kabarettarchiv vermacht, darunter Werner Finck, der das Archiv viele Jahre unterstützt und einen Förderkreis mit Reinhard Hippen ins Leben gerufen hat. Hanns Dieter Hüsch, der wie Finck nicht nur Geschichten fürs Kabarett, sondern sich auch ins Stammbuch der Kabarettgeschichte geschrieben hat, ist Mitglied im Förderkreis und Beirat der Stiftung.

Eines Tages soll in einem Museumsteil sichtbar gemacht werden, was zur Zeit nur in Regalen untergebracht ist. Für 1998 ist deshalb der Umzug des Archivs in das historische Proviant-Magazin an der Schillerstraße in Mainz vorgesehen. Zum 100. Geburtstag des deutschen Kabaretts im Januar 2001 wollen wir das Kleinkunstmuseum eröffnen; der Reinerlös dieses Buches soll zum Gelingen beitragen.

Es war schon lange mein Wunsch, eine Chronik der Bühnenprogramme Hanns Dieter Hüschs darzustellen. Nicht allein, um seine außergewöhnliche, ein halbes Jahrhundert anhaltende künstlerische Schaffenskraft zu würdigen. Ohne allzu wissenschaftlich-detailliert vorzugehen, sollte am Beispiel seiner Kabarettprogrammatik der Schaffensbogen, die künstlerische, also menschliche Entwicklung dokumentiert und von den Anfängen her nachvollziehbar gemacht werden. Einblicke in das Entstandene bietend, soll das Buch für das Kabarett- und speziell Hüsch-interessierte Publikum eine griffige Einordnung ermöglichen: Hüschs *Kabarett auf eigene Faust* in einer Hand.

Bei der Fülle des Text- und Bildmaterials konnte es sich nur um eine Auswahl handeln. Auf viele bereits veröffentlichte Kern- und Lieblingsnummern wurde zugunsten weniger bekannter und nicht abgedruckter Texte verzichtet.

Ich danke dem Verlag, der dieses Buch zum 50. Bühnenjubiläum Hanns Dieter Hüschs ermöglicht, und allen, die mit ihren Betrachtungen, Grußworten, Grafiken und Fotos zu seinem Entstehen beigetragen haben; allen voran Rudolf Jürgen Bartsch, der als Freund und Kollege aus der Anfangszeit Hüsch mit einer »Jubiläums-Serenade« würdigt. Auf ein Textautorenverzeichnis mußten wir aus Platzgründen verzichten.

Zusammen mit Reinhard Hippen und Matthias Thiel, dem für wochenlanges vorbereitendes Sichten des Archivmaterials besonderer Dank gebührt, wird eine Ausstellung des Deutschen Kabarettarchivs: *HÜSCH. Kabarett auf eigene Faust* in 50 Rahmen gestaltet und zunächst in Mainz und Bonn gezeigt werden. Gewissermaßen als Ausstellung zum Buch. Oder umgekehrt, statt Katalog: das Buch zur Ausstellung.

Mein größter Dank gilt jedoch Dir, lieber Hanns Dieter. Dafür, daß ich bald im 30. Jahr mit Dir zusammenarbeiten darf, und dafür, daß ich dieses Buch herausgeben konnte – nicht zuletzt für Dich: Es ist Dein Buch, denn es handelt von A bis Z von Dir. Du unterstützt damit auch das »Deutsche Kabarettarchiv« bei unseren Bemühungen um dessen Zukunftssicherung. Das ehrt Dich einmal mehr.

…sach ma nix, Hanns Dieter, wir sehen uns ja bald wieder, bei »Summertime am Niederrhein« oder spätestens beim neuen Programm, ich erzähl' Dir dann auch genau, was der Cyriax gesacht hat. Ja, natürlich, der hätt' am liebsten viel mehr Hüsch-Texte im Buch gehabt, nur 'n bißchen Prominenten-Peperoni und fertig. Höchstens 20 Texte sollten rein, wenn's nach Dir geht, ich weiß. Aber ein paar mehr mußten es schon sein, bei bald 75 Programmen, wir haben dafür die Tourneepläne der letzten 25 Jahre weggelassen…, das Problem waren halt die 192 Seiten, Du weißt ja. Ich muß jetzt Schluß machen, wir telefonieren, ach, noch was, Außenminister Kinkel ließ gestern wegen eines Abends vor auserlesenen Gästen anfragen, Hüsch sollte als besonderes Bonbon in Bonn vorgestellt werden. Hab' ich absagen müssen, dem guten Woyda wäre es nicht zuzumuten gewesen, einen weiteren Ausfall unseres »Renitenz«-Gastspieles hinzunehmen, wegen Degenhardts Geburtstag und dem Evangelischen Kirchentag mußten wir ja schon für drei Abende um Dispens bitten, okay? Okay! Gut. Also bis bald, ja, Du auch, schönen Gruß, paß auf Dich auf. Ja, natürlich. Tschüs, Hanns Dieter.

Psychogramm

von Hanns Dieter Hüsch

Der Anfang
Das Licht der Welt
Nein nein
Das kann es nicht gewesen sein
Es war Schreien Strampeln Atmen und
    wieder Schreien
Komplizierte Lage
Kaiserschnitt
Beide Füße 180 Grad nach innen
Spitzfuß
Achillessehne mußte sofort verlängert
    werden
Narkose
Nun läßt sich alles erklären
Psychogramm
Ständiger Umgang mit Betäubungsmitteln
Defensive Eskapismus Hinnehmer
    Außenseiter
Clown Narr
Vater
Rührend schwach kein Durchsetzer
Überfordert Tenor Runterschlucker
Christ Wagnerianer
Mutter
Melancholisch soll gerne gelacht haben
Sehr beliebt dunkle Schönheit
Lieblingslied
Alle Tage ist kein Sonntag
Manisch-depressiv
Wollte daß Sohn Arzt wird
Virchow-Komplex

Streng
Enttäuscht starb 35 Sohn Sextaner
Aha
Dann alles soeben
Gymnasium soeben
Abitur soeben
Alles flüchtig flächig
Motorik blockiert
Also
Lesen
Also
Musik hören
Immer wieder Lesen und Musik hören
Bücher über Expeditionen
Auf den höchsten Berg
Oder ins tiefste Innere
Naja typisch
Am liebsten Expeditionen
Die danebengingen
Tagebücher nach 30 Jahren gefunden usw.
Ein bißchen Tonio Kröger
Leichte Verwahrlosungstendenzen
Abgefangen durch kleinbürgerliche
    Disziplin
Durchkompensiert durchmotiviert
Von Verwandten
Insbesondere von Tante Liese
Mit großer Güte umsorgt
Sorgenkind
Onkel Hein Schneider und Dirigent bringt
Literatur in das Kind

Gedichte lernen und vortragen
Auf der Schneiderstube
Claudius
Mit vierzehn Jahren letzte Operation
Linker Mittelfußknochen raus
Dann Klavierstunde
Lieblingssonate Clementi Didone
    Abbandonata
Entdeckung von Impressionisten und
    Expressionisten
Musikalisch literarisch
Sprache und Musik als Medizin
In der Schule Spitzname Spinner
Kein Soldat
Fußleiden wird zum Rettungsring
Um Wunsch der Mutter nachzukommen
Ein Semester Medizin in Gießen

Von SS-Studenten wegen zu langer Haare
Aus dem Hörsaal entfernt
Anatomie Professor Wagenseil
Dann Kriegsende abgewartet
Anfang von Innen
Eintauchen Wegtauchen Auftauchen
    Erzählen
Und immer wieder Expeditionen
Auf den höchsten Berg
Oder ins tiefste Innere
Phantasie Disziplin
Zuhören Zugucken Aufschreiben
    Vortragen
50 Bühnenjahre
Unterwegs und zu Hause
Kabarett
Auf eigene Faust

CHRONIK

mit Betrachtungen von Freunden
und Weggefährten und Texten
von Hanns Dieter Hüsch

I.

1947–1953 · Anfänge

*84 Tasten aus Elfenbein hat mein Klimperkasten
und er klimpert alles kurz und klein
Sonne, Mond und Sterne, die gucken dumm
wenn mein Klimperkasten macht sein bim bam bum*

DIE UNI-RHYTHMIKER

Mit: Gerd Abel, Felix Balzer, Karl Dahlhoff, Jobst Karrenberg, Ernst Krug, Kurt Martenstein, Freddy Marx, Günther Massenkeil, Rudolf Niedergerke, Wolfgang Niedergerke, Günter Sieben, Franz Wagner; als Sängerinnen Gudrun Rückert, Leni Traxel; die Leitung hatte Karl-Heinz Gelezus; Auflösung nach bestandenen Examina im Sommer 1954

Im Winter 1947 erste Kurzauftritte Hüschs mit einzelnen eigenen Chansons, eingebaut in Veranstaltungen der von Elmar Tophoven für die geplante Fastnachtsrevue des »Akademischen Studio der Universität« ins Leben gerufenen studentischen Jazzband »Die Uni-Rhythmiker« der Johannes Gutenberg-Universität Mainz.

Der Mann, der nicht tanzen kann

Ich bin der Mann, der nicht tanzen kann,
   tanzen kann, tanzen kann
Alle Leute sagen plötzlich, was ist denn
   mit dem?
Drum sag' ich Ihnen gleich, was mit mir
   los ist
Damit hinterher Ihre Wut auch nicht zu
   groß ist
Und bei der allernächsten Damenwahl
Verlasse ich fluchtartig das Lokal
Denn ich bin der Mann, bei dem nie was
   klappt, nie was klappt
Pech gehabt.

Es kann nicht jeder ein Nijinskij sein
Das seh' ich voll und ganz und dreimal
   täglich ein

Wenn ich zu Hause vor dem Spiegel übe
Weil ich den Tanz trotz alledem sehr liebe
Ich nutze jede kleine Chance
Mit einem Grammophon, das kaum noch
   geht
Doch sofort verlier' ich die Balance
Wenn eine Dame vor mir steht:

Ach Fräulein, sagen Sie mir doch bitte
Was das für ein Tanz ist
Damit hinterher Ihr Schuhwerk auch
   noch ganz ist
Denn ich bin ein Tänzer, das werden Sie
   noch seh'n,
Den läßt jede Frau nach zehn Sekunden
   steh'n
Denn ich bin der Mann, der nicht tanzen
   kann, tanzen kann, tanzen kann.

Welchen Schritt, welchen Schritt,
Ja, welchen ersten Schritt auf das Parkett
    wieder?
Da geht es ja meistens noch relativ nett zu
Aber beim dritten, vierten, sechsten, sieb-
    ten, achten, neunten Schritt
Komm ich mit dem Rhythmus nicht mehr
    mit
Denn ich bin der Mann, der nicht tanzen
    kann, tanzen kann, tanzen kann.

Die Ka-, die Ka-, die Kapelle kann noch so
    gut sein
Und die Tanzfläche noch so bequem
Ich kann noch soviel auf der Hut sein
Alle Leute sagen plötzlich: Was ist denn
    mit dem?
Was ist denn mit dem? Was ist denn mit
    dem?

Drum sag' ich Ihnen gleich, was mit mir
    los ist
Damit hinterher Ihre Wut auch nicht zu
    groß ist
Und bei der allernächsten Damenwahl
Verlasse ich fluchtartig das Lokal
Denn ich bin der Mann, bei dem nie was
    klappt
Tut mir leid für Sie
Pech gehabt!

DER B(R)ETTLSTUDENT

Premiere: 22. Februar 1948, Aula der Universität Mainz

Ensemble: Rudolf Jürgen Bartsch, Heinz Braß, Hans-Jürgen Imiela, Hans H. Halbey, Werner Hanf-
garn, Hanns Dieter Hüsch, Hermann Klippel, Klaus Martin Meyer, Achim Riefenstahl, Elmar
Tophoven, Ingeborg Völker
Texte: Hanns Dieter Hüsch, Hermann Klippel, Klaus Martin Meyer, Elmar Tophoven
Regie: Elmar Tophoven

Zweite (alternative) Fastnachtsrevue des »Akademischen Studio« unter Leitung von Elmar Tophoven. Der 22. Februar 1948, ein Fastnachtsdienstag, gilt als erster »offizieller« Bühnenauftritt
Hanns Dieter Hüschs.

Rudolf Jürgen Bartsch, Werner Hanfgarn, HDH

Werner Hanfgarn
Der tote Fürst

Ich erinnere mich an die Proben zum Gruftwächter vor fast fünfzig Jahren. Du zeigtest unruhige Lebendigkeit, warst rastlos in Sprache und Bewegung, Dein Geist war munter und Dein Körper unterernährt, Dein schmales Gesicht war blaß, und Deine Gedanken waren ständig auf neuen Wegen. Allgemeine Richtung: Anerkennung, Erfolg, Geld, um den Hunger loszuwerden, Beifall eines Publikums, das Du liebtest, weil Du es brauchtest, das freilich Dich noch nicht kannte in einem Ausmaß, das Berühmtheit versprach.

Mancher Feuilletonist hatte schon zarte Lorbeerkränzchen um das Haupt des »Nachwuchskabarettisten« geflochten, doch im Oktober 1950 entdecktest Du ein neues Talent, das gewiß schon lange in Dir geschlummert hatte. Du warst nicht nur Poet und Kabarettist, Du wurdest auch Schauspieler. Unser Freund Rudolf Jürgen Bartsch machte Dich dazu, als wir gemeinsam die »Zimmerspiele« im Haus am Dom gegründet hatten und unter Rudolfs intensiver Regie in stundenlangen Proben Kafkas Fragment Der Gruftwächter lebendig werden ließen. Du warst dieser Wächter (»Harter Dienst. Entkräftet sehr!«) vor der Gruft des Herzogs Friedrich, beherrschtest den komplizierten Kafka-Text und ließest Dich lenken von einem Regisseur, der, obwohl unser Freund, seine große Autorität in Sachen Raumphantasie und Sprachgestaltung in fast geflüsterten Regieanweisungen durchzusetzen wußte.

Und dann kam eine Szene, die mimisch und gestisch von einem Laiendarsteller ungeheuer viel verlangte. Du solltest glaubhaft machen, daß Du den toten Herzog plötzlich lebendig vor Dir siehst und mit ihm sprechen kannst. Es klappte nicht auf Anhieb. »Das mußt Du spielen«, sagte Rudolf leise, »sieh diesen eisernen Ofen in der Ecke. Er ist der Herzog. Rutsch kniend auf ihn zu. Die Imagination ist überwältigend für Dich. Deine Hände, Deine Augen zeigen Erschrecken und Furcht!«

Lieber Dieter, Du spieltest diese schwierige Szene so überzeugend, daß wir anderen, die wir gerade »nicht dran« waren, gebannt auf Dich schauten und uns selbst vergaßen. Seit diesem Augenblick weiß ich, daß Du ein guter Schauspieler bist, daß Rudolf ein guter Regisseur ist. Ihr beide habt das jahrzehntelang immer wieder gezeigt. Auch zu diesem Jubiläum gratuliere ich Dir sehr herzlich.

CHANSONS, GEDICHTE UND GESCHICHTEN

Premiere: Herbst 1948, Musiksaal der Universität Mainz
Laufzeit: bis Ende 1954

Erstes Soloprogramm. Eher ein »eigener Abend« als ein in sich geschlossenes Programm. Einheitstitel der unterschiedlichen, mit neu entstandenen Texten immer wieder aktualisierten und variierten Soli bis 1954. Mit Beginn der fünfziger Jahre trägt Hüsch die ersten »Frieda-Geschichten« vor. Inspiriert durch Marianne Lüttgenau, die er bei einem Fastnachtsball kennenlernt und noch als Student heiratet. 1951 kommt Tochter Anna zur Welt.

Hanns Dieter Hüsch

Premiere: 21. Februar 1949, Musiksaal der Universität Mainz

Ensemble: Rudolf Jürgen Bartsch, Heinz Braß, Hanns Dieter Hüsch, Hans-Jürgen Imiela, Hilde-
gard Jungbluth, Hermann Klippel, Ilse Kötting, Inés Lauen, Klaus Martin Meyer, Achim Riefen-
stahl, Elmar Tophoven, Ingeborg Völker, Jörg Wehmeier, Heinrich Zahn
Kostüme: Hildegard Jungbluth
Musik: Hanns Dieter Hüsch, Klaus Martin Meyer
Texte: Hanns Dieter Hüsch, Hildegard Jungbluth, Hermann Klippel, Klaus Martin Meyer, Elmar
Tophoven
Regie: Hermann Klippel

Kabarettprogramm des von Mitgliedern des »Akademischen Studio« im Wintersemester
1948/49 gebildeten Ensembles »Die ToLLeranten« (zweite Schreibweise des Gruppennamens).
Vorbild der jungen Studenten waren die Kieler »Amnestierten« und das Düsseldorfer
»Kom(m)ödchen«.

Heinz Braß, HDH, Jörg Wehmeier, Hermann Klippel

Chanson der Studentin

Ich nasche an allen Fächern
Und führe sauber Buch.
Ich lausche an allen Gemächern,
Denn genug ist noch lang nicht genug.
Probieren geht über Studieren!
Ich mach das so aus der la mäng –
Und geht mir mal was auf die Nieren,
Sag ich einfach: Päng!
Ich werde später mal auf Barrikaden stehn,
Und meine Stimme überschlägt sich dann
    im Wind!
Ich werde später mal nach Südaustralien
    gehn,
Wo die wilden Rinderherden sind.
Ich werde später mal die großen Brücken
    baun

Und die Wolkenkratzer sowieso!
Ich werde später mal ... wenn's sein muß:
Circusclown,
Hallo, halli und hallo.
Ich bin der entfesselte Typ.
Männerersatz tut not!
Und habt ihr mich nicht lieb,
Dann streu' ich euch Zucker aufs Brot.
Ich bin das entfesselte Ich –
Ob Sie's glauben oder nicht:
Ich bin das Gesicht des Jahrhunderts!
Mich wundert's
nur, daß ich manchmal
Angst vor mir selber...
Dann wär ich viel lieber... Schwamm
    drüber!
Ich werde später mal auf Barrikaden
    stehn...

NICHT ZUM MITSCHREIBEN

Ensemble: Rudolf Jürgen Bartsch, Heinz Braß, Hanns Dieter Hüsch, Hermann Klippel, Inés Lauen, Achim Riefenstahl, Ingeborg Völker, Jörg Wehmeier
Musik: Hanns Dieter Hüsch
Texte: Rudolf Jürgen Bartsch, Hanns Dieter Hüsch, Hermann Klippel
Regie: Hermann Klippel

Gastspielprogramm der »ToLLeranten« im Frühjahr 1949. Variante von »Staatspolitisch nicht wertvoll«.

JEDERMANNS GOETHE-PROGRAMM

Ensemble: Rudolf Jürgen Bartsch, Heinz Braß, Hanns Dieter Hüsch, Hermann Klippel, Inés Lauen, Klaus Martin Meyer, Achim Riefenstahl, Ingeborg Völker, Jörg Wehmeier
Musik: Hanns Dieter Hüsch, Klaus Martin Meyer
Texte: Rudolf Jürgen Bartsch, Hanns Dieter Hüsch, Hermann Klippel
Regie: Hermann Klippel

Gastspielprogramm der »ToLLeranten« vom 1.–31. Mai 1949 im Frankfurter Kabarett »Struwwelpeter«, wo sie Ralf Wolter, Günter Pfitzmann und Mario Adorf trafen. Adorf, ebenfalls Student der Uni Mainz, kam des öfteren zu Hüschs Vorstellungen.

MÄNNER MACHEN GESCHICHTE(N)

Premiere: Dezember 1949, Musiksaal der Universität Mainz

Ensemble: Rudolf Jürgen Bartsch, Hanns Dieter Hüsch, Hermann Klippel
Musik: Hanns Dieter Hüsch
Texte: Hanns Dieter Hüsch, Hermann Klippel
Regie: Hermann Klippel

Sonderprogramm zu Weihnachten. Der Titel entstammt einer von Herrmann Klippel getexteten Szene, der im Mai 1997, kurz nach Einsendung seines Buchbeitrags, verstarb.

Hermann Klippel

Als er sich für ein paar Mark ein gebrauchtes Klavier leistete, funktionierte er es für seinen Gebrauch um, heftete Reißnägel auf die Saiten und erzeugte so jenen kühlen Klimper-Klang, der es ihm erlaubte, seine Vorspiele und synkopischen Akkorde »Musik für Reißnagelklavier« zu nennen. Übrigens hat er nie eine Note aufgezeichnet. Texte entstanden am Klavier, die Musik fand er in der Straßenbahn, auf dem Unihof, in der Mensa, im Seminar. Wenn ein Chansontext fertig war, dann war auch die Musik in seinem Kopf und, wie gesagt, in den Händen. Als wir im Januar '48 fürs zweite Kabarettprogramm probten, bedurften seine drei Songs keiner Probe – sie wurden ins Programm eingebaut, er selbst hatte sie hundertmal geprobt. Wenn ich ihn bat, die härteren Textpassagen durch ein Lächeln aufzulockern, erschien auf seinem Gesicht das mir bekannte Seminar-Lächeln. Probten wir Szenen, an denen er nicht beteiligt war, konnte er stundenlang an seinem Klavier sitzen und konzentriert zuschauen, die filterlose Zigarette zwischen zwei Fingern, den Körper wiegend, mit der Spitze seines Zeigefingers die Stirn reibend – einziges Indiz dafür, daß ihm ein Text oder eine Interpretation mißfiel, doch auch Zustimmung wurde von ihm ernst und sachlich geäußert, seine Geduld und Zähigkeit während nächtlichen Proben waren ungewöhnlich – er war bereit, wenn er gebraucht wurde, für seinen Part stand er ein, und er deutete niemals nur an, sondern gab stets alles, was sich in Jahren in ihm gesammelt hatte.

DIE TOL(L)ERANTEN

Premiere: Februar 1950, Musiksaal der Universität Mainz

Ensemble: Rudolf Jürgen Bartsch, Heinz Braß, Hanns Dieter Hüsch, Hermann Klippel
Texte: Rudolf Jürgen Bartsch, Hanns Dieter Hüsch, Hermann Klippel
Regie: Hermann Klippel

Letztes Programm der »ToLLeranten«.

20

Bitte an die Alliierten

1. Sprecher: Dies ist kein
Gedicht, kein Oratorium,
keine gedankenlyrische
Unglaubwürdigkeit,
keine metaphysische Operette,
keine Du-kannst-mir-mal-im-
Mondschein-begegnen-Serenade,
sondern eine Bitte.
Chor: Bitte.
1. Sprecher: Was ist denn mit Ostpreußen?
2. Sprecher: Oder mit der Neiße?
1. Sprecher: Kriegen wir alles wieder!
2. Sprecher: Wieso müssen wir im Westen
begradigt werden?
1. Sprecher: Die werden sich noch mal in
die Finger schneiden!
2. Sprecher: Sollen mal anständig dazwi-
schenfahren!
Chor: An jedem deutschen Stammtisch
sitzt ein Cicero
Und schreit: »O laßt euch nicht gelü-
sten!
Die Fahne hoch, presto, presto,
prestissimo.
Die Zeit ist ernst, man muß sich wieder
brüsten.«
An jedem deutschen Stammtisch sitzt
ein Wilhelm Tell:
»Ja, wenn wir einig sind, dann kann uns
nichts passieren!
Drum seid auf Draht, seid über-über-
national!
Auch wenn wir noch den nächsten
Krieg verlieren!«
»Haltet nur aus, je länger, desto besser!
An unserm Wesen soll die Welt gene-
sen.
Es kommt die Nacht der langen
Taschenmesser.
Und wenn wer stirbt, dann sind wir's
nicht gewesen.«

An jedem deutschen Stammtisch sitzt
ein Führer,
Von seinen Paladinen gut beschützt.
»Ein Volk, ein Reich, ein Königreich für
einen Führer!
Denn gut ist, was dem Staate nützt,
denn gut ist, was dem Staa–«
1. Sprecher: Na, mit dem Staat könn' wir
keinen Staat machen!
2. Sprecher: Wir brauchen den Mann, der
die Karre aus dem Dreck zieht!
Chor: Wir treten zum Bitten.
Was bleibt uns sonst übrig?
Andre Sieger, dieselben Sitten!
Ihr Herren aus Moskau oder aus New
York!
Macht Schwierigkeiten, wenn's nicht
anders geht.
Es ist doch so, ihr habt die Fäden in der
Hand.
Seid doch vernünftig, verdammt und
zugenäht!
Wir wollen keinen Siegfried, keine
Orden!
Wenn man auch noch so viel Reklame
macht.
Wer morden will, der soll sich selbst
ermorden.
Wir wollen keine Teutoburger Schlacht.
Das ist das Canossa neunundvierzig.
Wir haben nichts zu verlieren.
Wir treten zum Bitten seit fünfundvier-
zig.
Oder müssen wir wieder marschieren?
Ihr Herren im Kreml und im Weißen
Haus!
Wenn's nötig ist, dann seid ihr meist
vergriffen.
Bis eines Tages – ja, dann ist es aus:
Dann werden wir mal wieder macht-
ergriffen.

Untertitel: Eine herbstzeitlose Desertion
Premiere: Herbst 1951, Haus am Dom, Mainz
Laufzeit: Bis Herbst 1952

Mit: Marianne Hüsch

Duo-Programm mit »Frieda«, ab 1952 auch als Solo-Programm vorgetragen. Melancholischer, politisch leicht resignierter Grundton.

Aus den Pressestimmen:
... Immer wieder leuchtet Hanns Dieter Hüsch die Vielgesichtigkeit der Zeit an. Seine tiefe Beunruhigung überträgt er rücksichtslos auf uns. Er will uns schockieren. Er schlägt uns die Fetzen der globalen Geistesverwirrung um die Ohren ... Aber mitten unter der erbarmungslosen Anklage... (kommt zum Ausdruck) ...wie der Ankläger das Leben und die Menschen liebt, wie groß seine Sehnsucht ist, das Leben möchte für alle lebenswert werden.

November

Die Bäume sind nun alle gleich,
Ein Hund sucht seinen Herrn.
Die Blätter machen Blätterteig,
Das ham' wer gern.

Die Welt sieht jetzt wie London aus,
Viel Nebel, sonst nicht viel dahinter.
Ein Mann kauft einen Asternstrauß,
Denn übermorgen ham' wer Winter.

Die Flüsse liegen schwarz und still,
Die Sonne weiß nicht, was sie will,
und überhaupt macht diese Landschaft
mit der Melancholie Bekanntschaft.

Mit Marianne Hüsch in »Die große Masche«

Premiere: Dezember 1951, Haus am Dom, Mainz

Erstes um die »Frieda-Geschichten« aufgebautes Programm. Weitere »Frieda-Programme« folgen in den fünfziger und sechziger Jahren: »Frieda auf Erden« in der »arche nova» mit Kirstin Bauer am 20. November 1958; »Frieda-Geschichten« im Théâtre Fauteuil in Basel vom 17. bis 22. November 1967; »Alle Jahre Frieda« mit Manolo Lohnes am 8. Februar 1968 im Gutenberg-Museum Mainz und »Frieda auf Erden. Eine schöne Bescherung« vom 15. bis 22. Dezember 1969 im »unterhaus« Mainz und gelegentlich andernorts.

Eine Rose aus Papier

»Andere Männer schießen ihren Frauen Rosen aus Papier. Warum schießt du mir keine Rose aus Papier?« sagte meine Frieda, als wir gerade drei Eis, einen Rollmops, eine Limonade und zwei Stangen Lakritze intus hatten. «Weißt du«, sagte ich, um Zeit zu gewinnen, »weißt du, das mit dem Zielen, mit Kimme und Korn und das alles, das ist genau so, als ob ich einen Nagel in die Wand schlagen müßte.«

»Aber andere Männer schießen ihren Frauen Rosen aus Papier«, sagte Frieda.

Ich sagte: »Andere Männer sind eben andere Männer, andere Männer können eben gut zielen, und dann gibt's einen Blattschuß.«

»Ja«, sagte Frieda, »Blattschuß, das hab' ich schon einmal gelesen. Blattschuß, das ist doch…«, sagte sie.

»Ja, Blattschuß ist«, sagte ich, »wenn öh… Nun laß doch die dummen Rosen, komm, wir spielen mal großes Los.«

Ich hatte verteufeltes Glück.

Wir gewannen einen Teddybär.

Ich sagte: »Mensch, Frieda, wer hätte das gedacht, mehr wollen wir ja gar nicht.«

Frieda strahlte, die ganze Welt strahlte.

Was doch so ein Rummelplatz manchmal alles aus einem machen kann.

»Stell dir vor«, sagte da die Frieda, »wenn wir jetzt noch für den Teddy eine Rose aus Papier schießen würden… Andere Männer würden ihrem Teddy bestimmt eine Rose aus Papier schießen.«

»Hör doch auf mit den anderen Männern«, sagte ich. »Andere Männer gehen mich nichts an, andere Männer sollen schießen, so viel wie sie wollen, ich…«

(Ist doch wahr, nicht?)

Ich ging also hin und kaufte mir drei Schuß.

»Drei Schuß: fünfzig Pfennig«, sagte die Dame mit den Mordsohrringen. »Vielleicht die rote oder die gelbe, der Herr, oder da oben die hübsche weiße?«

Ich sagte nichts.

Ein kleiner Mann sagte: »Nun zeigen Sie mal, was Sie gelernt haben.«

Ich hatte nichts gelernt.

Ich schoß dreimal daneben.

Es regte sich nichts.

Die Rosen standen still. Die waren das gar nicht gewöhnt.

«Wohl noch nicht gefrühstückt«, sagte der kleine Mann.

»Fräulein, geben Sie mal drei Schuß, jetzt wollen wir Alten den Jungen mal zeigen, wie geschossen wird.«

Ich hätte vor Wut aus einer Riesenschaukel springen können.

»Komm«, sagte da die Frieda, »komm doch, nun komm schon, komm, das sind doch alles schlechte Gewehre hier. Komm, wir gehen zu dem Mann mit dem Schlangenleib, der soll so gut sein.«

Ich sagte: »Frieda, ich… ich kauf' dir ein paar Rosen, ja, richtige Rosen.«

»Ja«, sagte Frieda, »ich habe ja nicht gewußt, daß Schießen so schwer ist. Vielleicht auch nur das Abdrücken«, sagte sie, »aber ich wollte ja nur die Blumen.«

»Jaja«, sagte ich, und wir rannten zu der Bude mit dem Schlangenleibmann, und die anderen Männer hatten alle Rosen aus Papier, aber wir kauften uns dann später richtige Rosen.

Und das war ein verteufeltes Glück.

NIKOLAUSIGE ZEITEN

Premiere: Dezember 1952, Haus am Dom, Mainz
Laufzeit: Bis Ende der sechziger Jahre

Bis Ende der sechziger Jahre Titel unterschiedlichster »Dezemberprogramme«. Anfänglich bei einigen Vorstellungen unter Gitarrenbegleitung von Karl-Heinz Gelezus.

Choral

Eine runde Summe Sehnsucht,
Ausprobiert bei einer Sarabande in
    Asbestanzügen,
Schlafen wir
Nachtmusik für Nachtmusik.

Hinter uns der Chor der Spitzel,
Die sogar den Mond bestechen,
Unsre Fuge im Gefängnis
Oder -ismen abzuschwächen.

Eine Hälfte Heiterkeit und Anarchie,
Ausgeführt mit zersetzender Naivität,
    millimeterweise leben wir
Tageslärm für Tageslärm.

Über uns ein großer Himmel
Reichlich mit Geduld versehn,
Denn wenn man den Körper foltert,
kann kein Geist darüber stehn.

Eine runde Summe Sehnsucht
Wird verhört von einer Mehrheit mit
    Moral bei Fuß,
Sterben wir,
Zeit der Handlung: überall.

KLEINKUNSTPHILOSOPHISCHES

Von Hüsch

Angeregt worden bin ich von den Dichtern. Kabarett hat mich in erster Linie von der Poesie her interessiert und eigentlich erst in zweiter Linie von der Politik her. Mir

hat der »Simpl« vorgeschwebt, das Brettl-Kabarett, wo die Mozart-Sonatine neben dem Kästner-Gedicht steht.

Der Kabarettist hat immer die gleiche Aufgabe in unserer Gesellschaft – vor fünfzig Jahren und in hundert Jahren. Zunächst kommt er auf die Welt, wie alle anderen. Und er leidet an dieser Welt. Er leidet an seinen Mitmenschen. Er kann sich nicht damit abfinden, daß in der Welt Haß, Vorurteile, Ausbeutung und Sklaverei existieren, selbst im 20. Jahrhundert. Dieses Bewußtsein setzt er um in Spiel, Sprache, sekundär auch in Musik.

Ich glaube, Max Frisch hat einmal gesagt, es sei Aufgabe des Schriftstellers, das Private zu beschreiben. Damit meint er nicht das Idyllische, das Neckisch-Kleine, die Gartenlauben-Existenz, sondern Dinge, die sich weder von der Wissenschaft noch von irgendeiner politischen Richtung lösen lassen.

Ein junger Kabarettist

Hanns Dieter Hüsch in Frankfurt

Unter den wenigen Nachfolgern des literarischen Kabaretts herrscht heute durchweg der Brauch, die Floretts in Watte zu packen. Sie betonen vorneweg und hinterdrein und manc?? ?l auch noch zwischendurch, daß es sich be? ihren Angriffen um Humor handle; und Humor, ja, der sei notwendig wie das Salz zur Suppe. Mit dieser Beteuerung sichern sie sich die professionelle Narrenfreiheit, Ketzerei gegen Staat und Gesellschaft ist dann als Ressort legitimiert, jedermann kann sich darüber amüsieren und niemand muß sich getroffen fühlen. Bei solchen Darbietungen sieht man gelegentlich, wie sich Politiker und Manager vor Vergnügen an der eigenen Karikatur auf die Schenkel schlagen.

Hanns Dieter Hüsch ist weniger bemüht, sich als Humorist darzutun. Er ist jung, radikal und manchmal bitter. Er spricht, liest, intoniert und singt seine Sketches und Lieder allein, ähnlich wie Werner Finck. Aber Dieter Hüsch hat nicht wie er den Stil des Causeurs, der viel weiß und noch mehr verschluckt und dem Publikum schmeichelt, indem er sich mit ihm in Andeutungen verständigt. Wenn Hüsch auf dem Podium steht und in seinem Notizbuch blättert, erinnert er ein wenig an einen jungen Wanderprediger, der aus dem Brevier liest. Moralistisch-satirische Schärfe kennzeichnet denn auch seine besten Stücke. Auf ein? ??ormel, die nur an der Oberfläche wie ein ??ortwitz klingt „wer Pro sagt muß auch — these sagen" kann Lachen nur noch erbitterte Zustimmung oder nervöse Abwehr sein, und auch seine „Ansprache an die Zwanzig-

jährigen" („... solang die eurasischen Greise nicht selbst die Knarre in die Hand nehmen ... habt ihr euch überlegt, daß ihr töten müßt und getötet werdet ...") hat den unausweichlichen Zugriff des Ernstes. Den Hintergrund zu diesen grimmigen Angriffen bilden deutsche Lebensbilder von einer Komik, die nun freilich einem intelligenten Publikum wieder Tränen in die Augen treibt: „Samstags zu Beethovens" (der Kulturkonsum des beflissenen Abendländers) und „Familie Unsereiner". Wie deren Mitglieder vorgestellt werden: Sie, „eine Schürze voll Familiengefühle", Er „der noch im Tod Ueberstunden macht und fragt, ob es dem Dienstalter entsprechend einen Obertod gibt", das schlägt unsere Neigung zu nationaler Selbstbewunderung kurz und klein.

Schade nur, daß Hanns Dieter Hüsch sein Format nicht ganz durchhält. Seine sanft-ironischen Berichte von Frida, seiner imaginären Partnerin, die ihm als lebensgewandtes Mädchen beibringt, was zeitgemäß ist, ergeben zwar eine hübsche, vielversprechende Serie und erlauben, nach dem bitteren oder gereizten Lachen, das Schmunzeln. Aber zur Auffüllung seines Programms bringt Gerhart Hüsch noch allzuviel rein artistische Sketches, die er technisch sehr perfekt, fast in der Art von Manfred Lommel, vorträgt, schlenkernden Wortwitz, wie er sich „aus dem Aermel geschüttelt", ergibt, wenn erst einmal die Logik dispensiert ist. (Siehe auch den Titel seines Programms „Nikolausige Zeiten".) Als Stoff dafür bieten sich auch allzu leicht kabarettistisch abgenutzte Themen an, die im Grunde gegen Schlag und Stich immun, weil anonym sind, wenn man sie nur als Mächte anspricht: Film, Radio und Kriminalroman. Um da genauer zu treffen, müßte man schon Namen und Programme anvisieren.   **H. R.**

Frankfurter Allgemeine Ztg.
v. 7. 12. 54

26

Über Hüsch

Das deutsche Kabarett unmittelbar nach 1945 war hochliterarisch, poetisch, wortbesessen, dabei lebenshungrig, hoffnungsfroh. Man verzichtete (dies schon aus Mangel) auf üppige Dekors und Requisiten und konzentrierte sich auf das gesungene und gesprochene Wort. Das Kabarett der Trümmerzeit schöpfte aus einem tiefmoralischen Impuls und gab sich skeptisch gegenüber allen Ismen und Ideologien. Man kultivierte Hoffnungen und Utopien und übte sich – nach den Jahren der Repression – in Toleranz. Die Themen fand man auf der Straße. Die Unbilden des Alltags lagen näher als die große Politik. Man setzte auf Satire und vergaß damit die Unterhaltung nicht. Hier, keine Frage, liegen die geistigen Ursprünge auch des Hanns Dieter Hüsch. Auch er ein Moralist, ein vorsichtiger Frager ohne die plakative Antwort in der Hinterhand, kein Analytiker, schon eher ein Seismograph, Beobachter, Erzähler, im Grunde ein Skeptiker und Menschenfreund, kein Agitator, kein Hasser und kein Fechter, eine »Mischung aus Clown und Lästerer«, wie er sich selber definiert, eine Art Romantiker in Brecht-Manier, dessen Lieder und Sprechgesänge, Gedichte und Geschichten der Tradition der literarischen Satire näherstehen als etwa dem politischen Kabarett der Ära Adenauer. In Textstellen mit jener Absurdität, die er später in seinen Geschichten so perfektioniert hat, gelingt es Hüsch, den angeblichen Widerspruch zwischen »hoher« Kunst und »niederer« Unterhaltung lächelnd aufzuheben. Dabei besteht die kabarettistische Kunst des Hanns Dieter Hüsch nur zum Teil aus der Formulierung, zu einem wenig geringeren Teil aber aus der gestalterischen, eigentümlichen Art der Darbietung seiner Texte. Seine Zeitkritik ist Ideologiekritik aus der Sicht des skeptischen Individuums. Als Skeptiker gegenüber der Weisheit dieser Welt, verrücktes Kind und (einsamer) Opponent gegenüber der Konvention vereint er in sich die drei Merkmale des Narren.

Und was war noch?

Im Winter 1947 Beginn der Rundfunk-Tätigkeit, zunächst ausschließlich als Sprecher in Produktionen des Südwestfunks, wie: »Die guten Willens sind. Persönlichkeiten der Weltgeschichte mit Kernsätzen über den Frieden«. Guy Walter lädt Hüsch nach Baden-Baden ein und fördert ihn durch die Produktion von drei Hüsch-Titeln pro Monat: »...Sie bekommen dafür vom Südwestfunk 150 Mark, dann haben Sie schon mal die Miete und die Heizung.«

Schauspieler und Autor an den von ihm mitbegründeten Mainzer »Zimmerspielen« bei sieben Produktionen, u. a.: Titelrolle in Franz Kafka »Der Gruftwächter«, November 1950; Regie: Rudolf Jürgen Bartsch, mit: Rudolf Jürgen Bartsch, Rolf Bindseil, Werner Hanfgarn, Elisabeth Wagner. Titelrolle in Jean Cocteau »Der schöne Gleichgültige«, März 1952; Regie: Rudolf Jürgen Bartsch, mit: Erna Buck. Sprecher in W. H. Auden »Das Zeitalter der Angst«; April 1953; Regie: Rudolf Jürgen Bartsch, mit: Rudolf Jürgen Bartsch, Raidar Müller, Anneliese Pérignon, Emil Urban; »Gefangener in der Todeszelle« in Wolfgang Altendorfer »Der arme Mensch«; April 1953; Regie: Rudolf Jürgen Bartsch, mit: Karl Baldus.

Öffentliche Veranstaltung des SWF im Kurhaus Baden-Baden Anfang der fünfziger Jahre mit Guy Walter (links), Trude Hesterberg (Mitte), HDH (Moderator) und Gästen

Knockout

Die große Sensation –
Die Morgenpost, die Mittagspost, die
Abendpost ist nicht Flamil ist nicht Botil,
ist auch nicht Pril, sondern Rei.
Rei wie Ray Sugar Robinson:

Äuglein um Äuglein,
Zähnchen um Zähnchen,
Bäuchlein um Bäuchlein,
Tränchen um Tränchen.

Leber, Lunge, Niere, Haken, Herz.

1–2–3–4–5–6–7–8 und –

Nein, jetzt geht es wieder los,
der Jacky schlägt den Heini tot.
Der Blutverlust ist riesengroß,
Frau Lehmann sucht ihr Butterbrot.
Der Manager, der dreht das Ding
und lutscht an seinem Siegelring;
die Menschen wolln ja gerne sehn,
wenn Menschen in die Knie gehn.

1–2–3–4–5–6–7–8 und –

Ein Nasenbein fliegt durch die Luft,
der Heini ist schon völlig blind,
doch wer jetzt kneift, der ist ein Schuft,
ein Boxer ist kein Wickelkind.
Das Stadion kommt jetzt in Schwung,
der Jacky, der gibt kein Pardung,
der Heini spuckt wie ein Vesuv –
es ist ja schließlich sein Beruf.

1–2–3–4–5–6–7–8 und –

Die Menge rast, die Menge tobt,
der Heini ist jetzt bald so weit.
Der Filmschauspieler Schulze lobt
die eklatante Beinarbeit.
Schlagt ihn kaputt, schlagt ihn entzwei.
Mal aufs Gebiß, mal aufs Gehirn!
Der Hein zuckt wie ein Puddingbrei –
der Jack trägt eine Lorbeerstirn.

Es schreit die Witwe Meier,
es schreit der Bankier Schmidt,
und all die andren Schreier,
sie schrein:
Hamse das gesehn, Bluthund, pfui! Bier-
flasche her! Genau unterm Nabel – so was
in Helsinki! Mal im Dunkeln begegnen!
Polizei holen kann jeder! Das soll Kultur
sein!!?? Rassenschande! Auto umschmei-
ßen! Zwanzigstes Jahrhundert…

Äuglein um Äuglein,
Zähnchen um Zähnchen,
Bäuchlein um Bäuchlein,
Tränchen um Tränchen –

beißen, schießen, stechen, würgen, foltern

1–2–3–4–5–6–7–8 und –

Nein, jetzt geht es wieder los,
der eine schlägt den andren tot.
Der Blutverlust ist gar nicht groß –
auch andre Mittel tun's zur Not.
Die Manager, die lächeln feist,
und ihre einzige Antwort heißt:
Die Menschen wolln ja gern sehn,
wenn Menschen in die Knie gehn.

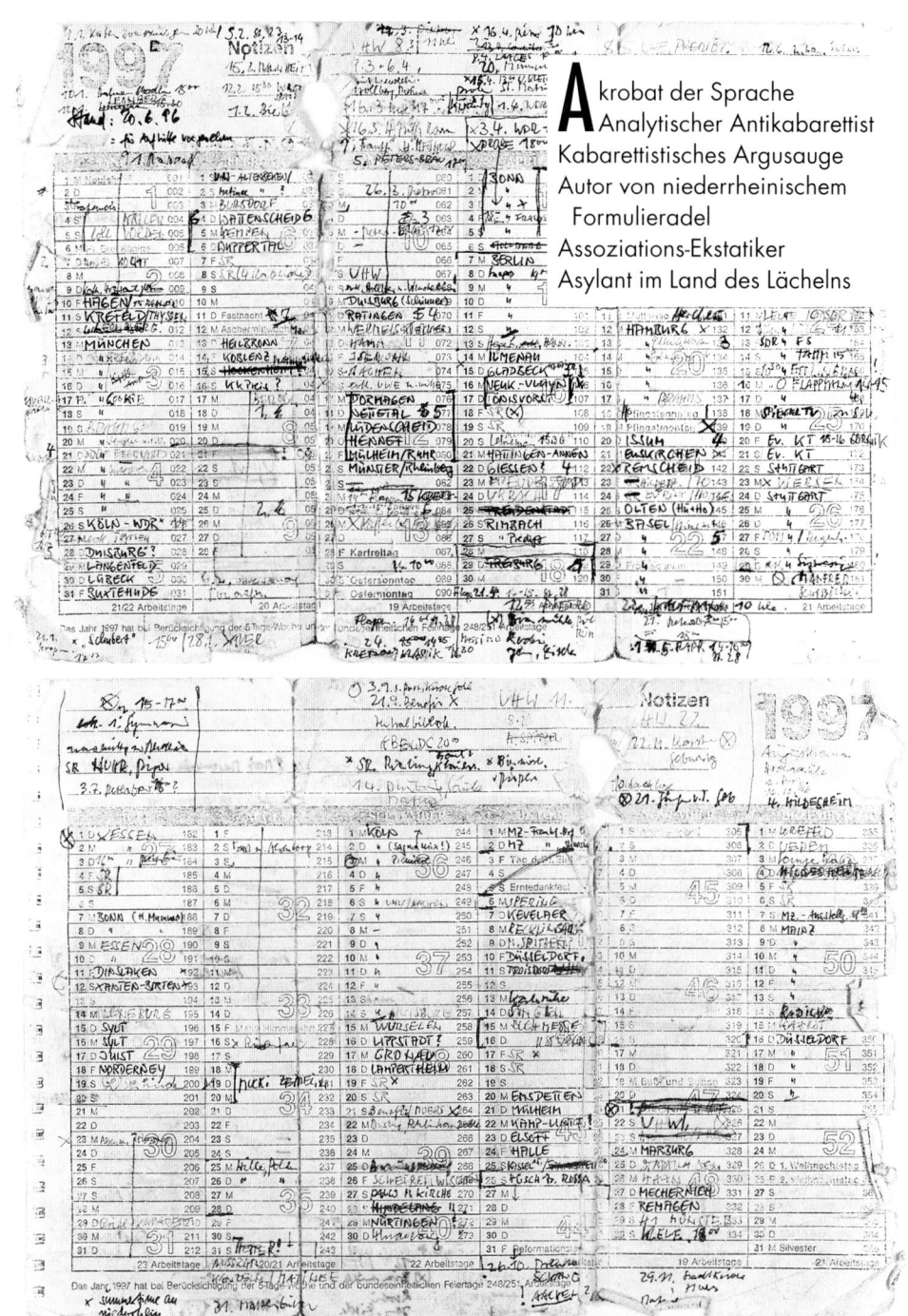

Akrobat der Sprache
Analytischer Antikabarettist
Kabarettistisches Argusauge
Autor von niederrheinischem
 Formulieradel
Assoziations-Ekstatiker
Asylant im Land des Lächelns

»So geht Hanns Dieter Hüsch auf Tournee, meine Damen und Herren!«
(Ottfried Fischer, Hüschs Jahresplan 1997 in die Kamera haltend.)

Baron auf den Bühnen
Bärtiger Barde
Brettl-Priester
Bajazzo im Rollkragenpullover
Bauchredner Gottes

Clown in schwarzer Zeit
Conférencier der Aufklärung
Liebenswerter Clown
Chansonvikar
Selbstzweiflerischer Clown
Ironischer Chansonnier
Aufmüpfiger Clown
Don Camillo vom Niederrhein

Denker mit dem Klavichord
Formvollendeter Dialektiker
Drehorgelspieler unserer Tage
Deutschlands einsamster Solo-Kabarettist
Diogenes, der über sich selbst lachend in
    seiner Tonne sitzt
Desperado in Sachen Menschlichkeit
Kabarett-Doyen
Dichter in der Maske des Kabarettisten
Karl Dall für Altphilologen

Hüsch, der Schauspieler

... mit Rudolf Jürgen Bartsch

... mit Conny Reinhold

... mit Arnfried Krämer

II.

1953–1962 · »Anti-Cabaret« mit der »arche nova«

Die Frage ist
Sollen wir sie lieben
Diese Welt
Sollen wir sie lieben?
Ich möchte sagen
Wir wollen es üben

WEIHNACHTSMÄNNER MACHEN GESCHICHTE-N

Untertitel: Ein kritisches Oratorium für Soli, Chor und Reißnagelklavier
Premiere: 14. Dezember 1953, Haus am Dom, Mainz
Laufzeit: Bis Januar 1960

Mit: Rudolf Jürgen Bartsch (1953 bis 1959), Rolf Bindseil (nur 1955), Heinz Braß (1953 bis 1959), Hanns Dieter Hüsch (1953 bis 1959), Herbert Kocks (1953/54/57), Hildegard Kraus (1953/54/56/57), Helga Mummert (1956 bis 1959), Hildegard Schroff (nur 1955), Agnes Verena (1953 bis 1955, 1958/59)
Musik: Hanns Dieter Hüsch (alle Programme)
Texte: Rudolf Jürgen Bartsch, Hanns Dieter Hüsch, Hermann Klippel (ab 1957 unter dem Pseudonym Paul Ormont) bei allen sieben Produktionen; Josef Heinzelmann, Hans Jürgen Plaumann im Jahr 1958
Bühnenbild: Ernst Birkheimer (1953 bis 1955), Hermann Schmidt-Schmied (1956 bis 1958), Joachim Besier (1959)
Regie: Rudolf Jürgen Bartsch (alle Programme)
In jährlichem Abstand zwischen 1954 und 1959 wiederaufgenommen, finden die Vorstellungen seit 1956 im Kellerdomizil der »arche nova« statt, ab 1957 jeweils von Anfang Dezember bis Anfang Januar, das siebte und letzte Programm läuft vom 6. Dezember 1959 bis zum 6. Januar 1960.

Von R. J. Bartsch als »Cabaret zur Weihnachtszeit« der »Mainzer Zimmerspiele« initiiert. Das immer auch von weiblichen Weihnachtsmännern präsentierte Programm, ab 1956 eine Produktion der »arche nova«, erreicht im Lauf der Jahre Kultcharakter: Aus drei gutbesuchten Vorstellungen 1953 werden vier schon frühzeitig ausverkaufte Wochen in den Jahren 1957, 1958 und 1959. Wesentlichen Anteil daran hat die über sieben Jahre gleichbleibende Aufgliederung des Programms in drei thematische Blöcke: Literarische Zeitkritik – Parodistische Unterhaltung – Weihnachten, Frieden.
In einer variierten, auf weihnachtlich-besinnliche Texte verzichtenden Version werden die »Weihnachtsmänner« von der »arche nova« bei Gastspielen im In- und Ausland präsentiert, und zwar

mit dem Titel »Männer machen Geschichte-n«, letztmals im April 1960 im Basler »Théâtre Fauteuil«. Notabene: Hüschs bis heute ungebrochene Tradition vorweihnachtlicher Auftritte in Mainz nimmt von den »Weihnachtsmännern« ihren Ausgang.

Klaus Peter Schreiner
Wie war das mit Hanns D.?

1950, ich war ein wenigversprechender Student der Chemie in Mainz, meinte ein Kollege beiläufig: »Heute abend gehen wir zum Hüsch!« – »Worüber liest der?« wollte ich wissen, denn in meiner jugendlichen Bildungsbeflissenheit nahm ich an, dieser Hüsch sei irgendein Professor. »Der liest überhaupt nicht, der Hüsch«, beschied mich besagter Kollege, »der macht mehr so was Komisches.« Und es stimmte tatsächlich: Der Hüsch las nicht, er sang. Er sang unter anderem ein Lied mit der Botschaft: »Hands up – wer zählt die Leichen im Opium-Club? Hands up – da machen alle Messer klippklapp. Hands up – und die Revolver machen plapp plapp plapp plapp. Hands up – und von den Wänden läuft das Blut – tripp trapp.« Sang er.

Nächtelang zerbrach ich mir den Kopf darüber, was an dieser Aussage mich damals, also vor 47 Jahren, wohl dazu bewogen haben mochte, mein ehrbares Chemiestudium an den Nagel zu hängen, um es diesem Hüsch gleichzutun. Immerhin – wir schlossen Freundschaft, und irgendwann hatte ich ihn so weit, daß wir in meiner Heimatstadt Zweibrücken gemeinsam »einen Abend gestalteten«, wie es so schön heißt.

Die Anzeige in der Heimatzeitung verhieß großspurig: »Kabarette sich wer kann – mit H. D. Hüsch (SWF) und Klaus Schreiner (Zweibrücken)«. »Die zahlreich erschienenen Zuschauer geizten nicht mit Beifall«, las man anderntags, und am Morgen nach dem Abend meinte auch der Vorstand des Städtischen Kulturamtes, es wäre doch ein schöner Erfolg gewesen, und er bekäme von uns noch 31 Mark 80.

Da, lieber Hanns Dieter, trennten sich unsere Wege, denn Du bliebst dann doch lieber Solist, und ich wollte Dir nie mehr unter die Augen treten und ging deshalb von Mainz nach München. Was daraus geworden ist, weißt Du ja.

Als ich, um Deine Freundschaft buhlend, mich in Mainz einmal bei einem Fastnachtsfest in Deiner Nähe herumtrieb, standest Du an einen Türstock gelehnt und behauptetest mir gegenüber rothaarig und großäugig, Du seist eine Synthese aus Charlie Chaplin und Jesus Christus. Na gut, sagte ich mir, wenn das so ist, werde ich eben sein Jünger.

Heute, wenn wir uns begegnen, sagen wir »Mein Alter!« zueinander. Und das ist doch eine ganze Menge.

DAS LITERARISCHE KLAVIER

Untertitel: Chansons, Gedichte und Geschichten
Premiere: Frühjahr 1954, Haus am Dom, Mainz
Laufzeit: Bis Frühjahr 1961

Hüschs erstes »geschlossenes« abendfüllendes Soloprogramm. In einer aufeinander abgestimmten Reihenfolge präsentiert er die ganze Bandbreite seiner literarischen Fähigkeiten: Alltagsgeschichten, feuilletonistisch-satirische Betrachtungen, lyrisch-poetische Sprechgesänge und humanistisch-politische Texte wechseln einander ab. Seine äußeren Markenzeichen der fünfziger und sechziger Jahre: ein roter Pullover und ein Zweispitz, sind in diesem Programm erstmals zu sehen. Im Laufe der sieben Jahre verändert sich das Programm allmählich. Am 1./2. April 1958 erster Soloauftritt in der Schweiz, »Théâtre Fauteuil«, Basel.

Die großen Plätze

Die großen Plätze haben es mir angetan, wenn sie leer sind, wenn der Wind darüber streicht und Papier zusammenträgt, wenn die Zirkuswagen ihre Kurven ziehen und sich eingraben in Wiese oder Klopfstein. Nichts ist trauriger als eine Kirmesstadt, die langsam abgebrochen wird, Stück für Stück, Gerüst um Gerüst, ein Brett nach dem anderen wandert in den Schlafwagen, um weiterzuwandern. Herrlich, wenn die Lampen verlöschen, der Mond sich verkrümelt und man zwischen verstummten Karussells einhermarschiert, irgendeinen Fetzen Papier fußballspielend vor sich herschiebend. Oder am Tage steht man dabei und sieht zu, wie eine Liliputwelt zerstört wird.

Ein Holzpferd wird vorbeigetragen. Ein Auge fehlt. Es wird von den Arbeitern gesucht. Es wird nicht gefunden.

Oder wenn du an der Sägemehlspur erkennst, daß hier eine Manege war. Nichts ist erregender als eine versunkene Welt, von der man nur noch die Lesezeichen von tausend und abertausend Geschichten findet, Geschichten, die im Sande verlaufen sind:

Wenn aus den Wolken Regen weht, aus Kummer sich ein Mann betrinkt, in Japan ein Taifun entsteht, ein Mädchen sich die Lippen schminkt, wenn aus den Wolken Regen weht, lustig ist das Zigeunerleben. In Übersee wird profitiert, ein Leitartikel spricht sich rund, ein Bankbeamter subtrahiert die Toten auf dem Meeresgrund.

Und überall sitzen Mann und Frau und Mensch und Tier und Herz und Geist, betrachten diese Welt genau, die stets in unseren Köpfen kreist, auf Zirkusplätzen, leeren Bühnen, Zeitungspapier und Apfelsinenschalen, in ausgelaugten Flüssen schwimmen Kleider und gefälschtes Geld, es kreist der Schmerz in unseren Häusern. Niemand ist restlos glücklich, verdammt und zugenäht, es flieht der Philosoph in seine Klause, der Prediger auf seine Kanzel, der Bürger ins moralische Gehäus', der Tramp in seine Rauschgiftintervalle.

Es hat die Armut keinen Platz mehr, man will nicht mehr besitzlos sein, das macht die Welt so unfreundlich. Ich habe heute gut verkauft, ich habe 120 Tabakspfeifen mit eingebauter Aussicht auf dem Drachenfels verkauft und 51 Hampelmänner und 64 Geduldsspiele, wo man die Lieblingsfrau des Maharadscha wieder in den Haremszwinger befördern muß. Die Haremsdamen gehen weg wie warme Semmeln. Ich esse dafür einen Pfannkuchen mit Speck und spanischen Salat. Doch wenn die Kneipe mir zu voll, verzieh ich mich und lebe von der Luft. In meinem Koffer ist noch viel Geduld und Schwäche. Die großen leeren Plätze haben es mir angetan, auf denen man die Pfützen überspringen kann und in die Häuser sieht, wenn welche da sind, rundherum, in denen eine Hölle ausgebrütet wird, von Etage zu Etage, obwohl sie alle, wie sie sagen, nicht humorlos sind, bis ihre Klugheit eines Tags im Sand verläuft.

Ein Holzpferd wird vorbeigetragen. Das Herz fehlt. Es wird von dem Dichter gesucht. Es wird nicht gefunden.

Juppheida.

Untertitel: Ein Kababrettl von Gryphius bis Graßhoff
Premiere: 17. Oktober 1956, arche nova, Mainz
Laufzeit: Bis November 1959

Mit: Rudolf Jürgen Bartsch, Heinz Braß, Hanns Dieter Hüsch, Helga Mummert, Agnes Verena
Bühnenbild: Ernst Birkheimer; ab 1957 Hermann Schmidt-Schmied
Zusammenstellung der Texte: Hanns Dieter Hüsch
Regie: Rudolf Jürgen Bartsch

Erster Auftritt des von Hüsch geleiteten Kabaretts »arche nova. *Das literarische Cabaret. Brettl. Zimmerspiele. Malerei«,* dessen Kellerräume ab 1957 auch von den »Zimmerspielen« genutzt werden. Die Idee, ein eigenes Kaberett zu gründen, stammt von Rudolf Jürgen Bartsch und Hanns Dieter Hüsch und resultiert aus der Erinnerung an das Studentenensemble »Die ToLLeranten«, an den Erfolg der »Weihnachtsmänner« und die bewährte Zusammenarbeit bei den Produktionen der »Zimmerspiele«. Das rein literarhistorische erste Programm der »*arche*« bringt es, in jähr-

Bühnenbild von Ernst Birkheimer zum »arche«-Eröffnungsprogramm »Die elfte Muse«

lich erneuerter Zusammenstellung und in unveränderter Besetzung wiederaufgenommen, ab 1957 mit dem Untertitel »Ein Kababrettl von Wilhelm Zwo bis Fragezeichen« ergänzt, auf insgesamt vier Folgen, die letzten Vorstellungen des jeweils rund drei Monate gespielten Dauerbrenners sind im November 1959. Präsentiert werden Texte von Otto Julius Bierbaum, Heinrich Böll, Wolfgang Borchert, Bert Brecht, Fritz Graßhoff, Andreas Gryphius, Wolfgang Hildesheimer, Erich Kästner, Klabund, Lessing, Detlev von Liliencron, Eugenie Marlitt, Walter Mehring, Martin Morlock, Robert Neumann, Alfred Polgar, Jacques Prèvert, Wolfdietrich Schnurre, James Thurber, Kurt Tucholsky, François Villon, Walter von der Vogelweide, Frank Wedekind. Ab der zweiten Folge (Premiere im April 1957) auch Texte von Hanns Dieter Hüsch. Ein zweites von Hüsch und Bartsch (Regie) zusammengestelltes literaturhistorisches Programm mit dem Titel »Intermezz'chen. Eine kabarettistische Suite in X Ansätzen« wird, ohne Hüsch im Ensemble, im Herbst 1957 aufgeführt.

AUS DEM KON-KURSBUCH DER ZEIT

Premiere: Ende Oktober 1956, arche nova, Mainz
Laufzeit: Bis Januar 1957

Mit: Rudolf Jürgen Bartsch, Heinz Braß, Hanns Dieter Hüsch, Herbert Kocks, Helga Mummert, Agnes Verena
Musik: Hanns Dieter Hüsch
Texte: Rudolf Jürgen Bartsch, Hanns Dieter Hüsch
Bühnenbild: Ernst Birkheimer
Regie: Rudolf Jürgen Bartsch

WER EINMAL IN DEN FETTNAPF TRITT

Untertitel: Ein politisch-literarisches Kabarett
Premiere: März 1957, arche nova, Mainz
Laufzeit: Bis Juni 1957

Mit: Rudolf Jürgen Bartsch, Heinz Braß, Hanns Dieter Hüsch, Helga Mummert, Agnes Verena
Musik: Thomas Gnielka
Bühnenbild: Ernst Birkheimer
Text: Ingeborg Euler
Regie: Ingeborg Euler

Die Ausnahme unter den »arche«-Programmen, da mit Ingeborg Euler eine Ensemble-Fremde für Inhalt und Regie verantwortlich zeichnet. Das Experiment scheitert. Schlechte Kritiken und schlechte Besucherzahlen beenden das Intermezzo nach knapp drei Monaten.

DER SCHECK HEILIGT DIE MITTEL

Untertitel: Ein Kabarett aus dem Kon-Kursbuch der Zeit
Premiere: Juni 1957, arche nova, Mainz
Laufzeit: Bis Sommer 1958

Mit: Rudolf Jürgen Bartsch, Heinz Braß, Hanns Dieter Hüsch, Helga Mummert, Agnes Verena
Musik: Hanns Dieter Hüsch
Texte: Rudolf Jürgen Bartsch, Birgit Berg, Hanns Dieter Hüsch, Paul Ormont
Bühnenbild: Ernst Birkheimer
Regie: Rudolf Jürgen Bartsch

Erste erfolgreiche »arche«-Produktion mit etwa einjähriger Laufzeit, seit 1958 mit dem abgeän-
derten Untertitel: »Kein Musical für Kabarettisten«. Vom 28. Februar bis 30. März 1958 ist die
»arche« erstmals zu Gast im »Théâtre Fauteuil« in Basel. In den folgenden Jahren wird die
Schweiz zur zweiten Heimat der »arche« mit bis zu viermonatigen Gastspielen vor allem in
Basel, Bern und Zürich werden.

HDH, Heinz Braß, Helga Mummert, Agnes Verena, Rudolf Jürgen Bartsch

40

DAS KANN JA HEITER WERDEN

Untertitel: Der Anfang vom End-Spiel. Ein literarisches Kabarett zur politischen Halbzeit
Premiere: 20. Juli 1958, arche nova, Mainz
Laufzeit: Bis Herbst 1959

Ensemble/Musik/Regie wie zuvor
Texte: Rudolf Jürgen Bartsch, Hanns Dieter Hüsch, Paul Ormont
Bühnenbild: Hermann Schmidt-Schmied

Clown

Clown – auf dem Katheder sitz ich,
mit der großen Feder ritz ich
in den Atlas unsrer Zeit
meine Klitzekleinigkeit:
Wir sind alle etwas eitel,
wir sind alle etwas dumm –
auch ein grad gezogener Scheitel
ist an vielen Stellen krumm.

Clown – nur auf das Leise hör ich –
keine großen Kreise stör ich,
um die Landschaft still zu machen,
für die vielen Nebensachen:

Groß ist nur das, was so klein ist,
daß wirs leichter übersehn –
schenkt uns Freude, die so rein ist,
daß wir sie nie ganz verstehn.

Clown – auf die Kanonen pfeif ich –
nach den Dornenkronen greif ich,
um die Schmerzen unsrer Stunden
mit Geduld zu überrunden:
Wir sind alle nicht so wichtig,
hängen all an einem Härchen –
und was falsch ist, ist auch richtig,
denn der Mensch ist nur ein Märchen.

CARMINA URANA

Untertitel: Ein literarisches Cabare(t)sumèe
Premiere: Dezember 1959, arche nova, Mainz
Laufzeit: Bis Juni 1961

Ensemble/Bühnenbild/Musik/Text/Regie wie zuvor

Das politischste Programm der »arche« ist zugleich das letzte im eigenen Domizil. Zum Juni 1960 wird der Keller gekündigt. Die heimatlos gewordene »arche« bleibt als Reisekabarett vorläufig noch bestehen. Im Frühjahr 1960 scheidet R. J. Bartsch aus. Hinzu kommt dafür Helmut Koch. Agnes Verena ist nur noch gelegentlich beteiligt. Das Programm selbst basiert auf der von Hüsch 1958 im Auftrag des Südwestfunks geschriebenen, von diesem auch produzierten, aber nie gesendeten Szenenfolge: »Carmina Urana. Vier Gesänge gegen die Bombe«. Die Gefahr der atomaren Bedrohung ist das Thema. Eindringlich-beschwörende Warnungen vor den Folgen eines Nuklearkrieges kontrastieren mit parodistisch-unterhaltenden Szenen. Im traditionsreichen

Zürcher Kabarett »Zum Hirschen« erhält die »arche« im Frühjahr 1960 dafür den Anerken-nungspreis des »Club Bel Etage«.
Notabene: »Carmina Urana« wird doch noch gesendet: vom Saarländischen Rundfunk 1965.

Aus »Carmina Urana«

wir stören, weil wir es für wichtig halten
drauf hinzuweisen, was sich heute tut.
der mensch ist hörig und hat keinen mut,
den lauf der dinge aufzuhalten.

er denkt, wir schrieben siebzig-einund-
siebzig,
wo man den feind noch siegreich schlug.
aus dieser dummheit wird kein mensch
mehr klug,
und das mit der atombombe, das gibt sich.

CABARETÜDEN

Premiere: 18. April 1960, Théâtre Fauteuil, Basel
Laufzeit: Bis Herbst 1961

Zusammengestelltes Solo aus für die »arche« geschriebener Chansons und Texte.

Von Windeln verweht

Das war vor zehn Jahren, als wir nur ein großes Zimmer hatten und die Frieda sagte, wenn wir daraus zwei Zimmer machen, dann haben wir eine Zimmerflucht.
Aber, sagte ich, du bist keine Prinzessin und ich kein Maharadscha, also lassen wir das mit der Zimmerflucht. In diesem großen einen Zimmer standen zwei Messingbetten, die waren geliehen, ein Herd, der war alt gekauft, und ein Kind, das war nicht alt gekauft. Das Kind lag in einem Korb, der uns geschenkt worden war. Dann war da noch ein Kinderwagen, auch geschenkt, den strich ich frisch an und die Frieda sagte: Wie neu. Das einzige, was wir selbst erstanden hatten, war das Kind, waren zwei Teller, zwei Tassen, zwei Messer, zwei Gabeln und zwei Löffel sowie ein Lautsprecher, mit dem wir mittels eines Drahtes durch die Wand Radio hörten, wenn unser Hauswirt Radio hörte, und

wenn der Radio hörte, dann nur Operetten. Wir hörten sehr wenig Radio.
Dann hatten wir noch eine Leine links nach quer und von schräg nach rechts gespannt, durch das ganze Zimmer, und an dieser Leine hingen Windeln, von morgens früh bis abends spät. Und sogar in der Nacht.
Wir hatten also, wenn man es genau überlegt: Ein Kinderzimmer, ein Herrenzimmer, eine Küche, ein Wohnzimmer, ein Schlafzimmer, einen Rauchsalon und ein Musikzimmer. Und jedes Jahr kam ein Stück hinzu, eine Wurstschneidemaschine, ein Bräter, einmal zwei Küchenmesser, ein Waschkessel, bis nichts mehr in das Zimmer reinging und wir ausziehen mußten.
Dann bekamen wir zwei Zimmer, eines Tages drei, und jetzt haben wir vier Zimmer und einen Flur und ein Bad, keine Messingbetten mehr, keine altgekauften Herd, keinen geliehenen Tisch, keine Operette durch die Wand und keine Windeln mehr.

Wenn uns damals das Leben zu dumm wurde, spielten wir abends »Mensch, ärgere dich nicht!« oder gingen einmal in der Woche in einen Nachtfilm mit Humphrey Bogart.

Wenn uns heute das Leben zu dumm wird, sagt die große Frieda zur kleinen Frieda: Als du noch ganz klein warst und aussahst wie ein Igelchen, da hatten wir ein großes Zimmer, und das war immer »von Windeln verweht«, und manchmal haben wir gedacht, du würdest nie lernen, wie man ißt, und später, wie man spricht, und jetzt ißt du uns die Haare vom Kopf und redest uns alles nach. Dann sage ich: Kommt, wir spielen nochmal »Mensch, ärgere dich nicht!«

Dann würfeln wir, und wer gewinnt, ist Kaiser, der zweite König und der dritte Bettelmann.

Manchmal wird die Frieda Bettelmann, pardon, Bettelfrau, manchmal werde ich Bettelmann.

Und es ist komisch, die kleine Frieda wird immer Kaiserin, aber sie weiß noch nicht genau, was das ist.

Und ich wünsche mir, daß sie es auch in zehn Jahren noch nicht weiß.

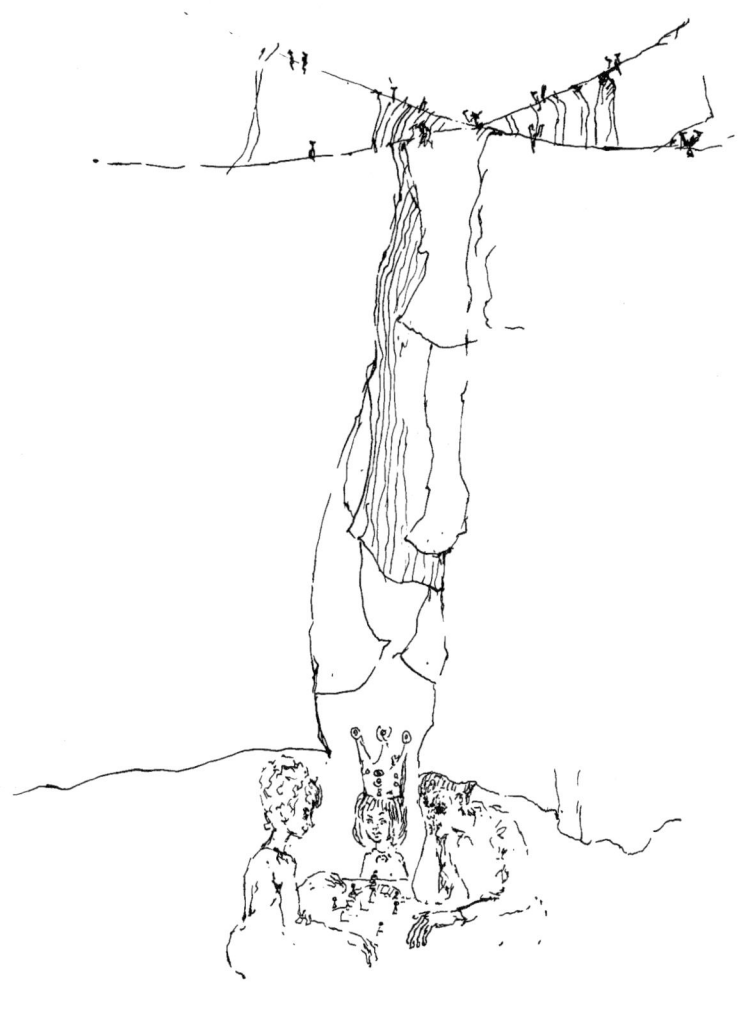

Untertitel: Ein Spottpourri in X Analysen
Premiere: Ende Dezember 1960, Kleine Bühne Stadttheater Mainz (Pulverturm)
Laufzeit: Bis Frühjahr 1962

Mit: Heinz Braß, Hanns Dieter Hüsch, Helmut Koch, Helga Mummert
Text: Rudolf Jürgen Bartsch, Josef Heinzelmann, Hanns Dieter Hüsch
Bühnenbild: Hermann Schmidt-Schmied
Regie: Hanns Dieter Hüsch

Erstes Programm als Reisekabarett, vorgetragen in der Schweiz, Holland, Italien, Österreich, Luxemburg, Deutschland. Seit Mitte 1961 auch unter dem Titel »Moderne Pleiten. Ein Kabarequiem«.

> O ihr lieben Zeitgenossen!
> Es gibt Größeres als Deutschland.
> Es gibt Größeres als England,
> Frankreich, Rußland und Amerika.
> Es gibt Höheres als Mendès-France und
> Adenauer,
> Churchill, Malenkow und Eisenhower.
> Und es weiten sich die Zeiten
> Und die Tageshorizonte.
> Und des Teufels Generalitäten,
> Die man stündlich hören kann und
> konnte,
> Sind im Augenblick von hinnen:
> Wenn wir hoffen,
> Wenn wir glauben,
> Wenn wir wieder uns besinnen.

Untertitel: Ein ironisches Oratorium für Soli, Chor und Reißnagelklavier. Akten-Notizen 1961/62
Premiere: 20. Dezember 1961. Kleine Bühne Stadttheater Mainz (Pulverturm)
Laufzeit: Bis Ende Januar 1963

Ensemble/Regie/Bühnenbild wie zuvor
Text: Hanns Dieter Hüsch

Das letzte »arche«-Programm ist zugleich das erfolgreichste. Die Vorstellungen im In- und Ausland sind zumeist ausverkauft. Die »arche«-Ära endet am 28. Januar 1963 mit der als Abschiedsvorstellung angekündigten letzten Aufführung von »Von Musen und Menschen« im Kurfürstlichen Schloß Mainz.
Rund achtzehn Jahre später, vom 15.–19. Dezember 1971, präsentiert das »unterhaus« in Mainz noch einmal »WEIHNACHTSMÄNNER MACHEN GESCHICHTE-N. ARCHE NOVA 1956–1971«. Die Texte stammen von Hüsch und Bartsch, das Bühnenbild von Joachim Besier. Neben den beiden Autoren spielen Heinz Braß und Agnes Verena vor stets ausverkauftem Haus.

Die »arche«-Glocke mit der Aufschrift »Arche Nova, Theatrum mundi imago hominis«, von der Stadt Mainz als symbolische Ehrung 1958 überreicht, läutet heute noch: Hanns Dieter Hüsch schenkte sie dem »unterhaus«. Seit 1972 wird sie in einer verkleinerten Nachbildung als »Deutscher Kleinkunstpreis« den jeweiligen Preisträgern überreicht.

Aus den Pressestimmen:
... Im Brustkasten ein Herz voll Kinderzartheit und Bekennermut, im Hirnkasten einen Weitgriff bis ins Phantastische und eine Assoziationszündkerze, die mit der Regelmäßigkeit eines Zweitakters im Wortumdrehen Lachexplosionen auslösen kann. Unsere ernsthafte Wirklichkeit mit einer phantasievollen, skurril verspielten Träumerei vermischt... Dazu ist die »arche nova« das einzige deutschsprachige Kabarett mit französischem Charme. Das Wortspiel, der Wortwitz, der Wortklang steht in hohem Rang; der bequeme Kalauer hat in dieser Umgebung nichts zu suchen. Drei große »K« sind es, mit denen Hanns Dieter Hüschs literarisches Kabarett »arche nova« aus Mainz bricht: Kalauer, Klamauk und Konvention: Diesem Zug zum Existentiellen entspricht jene literarische Haltung, die das Mainzer Kabarett in die Nähe des modernen Schauspiels rückt. Wir sind überzeugt, daß ein Kabarett auf diesem Niveau niemals ein so breites Publikum finden wird wie ein landläufiges, mit aktuellen Späßchen gespieltes. Aber das Publikum, das es gewinnt, gewinnt es für immer.

Olympiade

Ein Negerstudent aus Jamaica
Wird die Aschenbahn betreten.
Er wird laufen, kämpfen, siegen oder
    verlieren.
Und Frau Jemand, die am Fernsehapparat
    sitzt,
Wird sagen: Immer diese Neger.

Ein Fabrikarbeiter aus Kiew
Wird den Speer werfen.
Er wird ins Finale kommen oder aus-
    scheiden,
Und Herr Jemand, der davon Wind
    bekommt,
Wird sagen: Immer diese Russen.

Ein jüdischer Fotograf aus Tel Aviv
Wird auf der Tribüne sitzen.
Er wird zusehen, begeistert oder
    enttäuscht sein.
Und Frau Jemand, die hinter ihm sitzt
Und für einen Moment den Neger-
    studenten
aus Jamaica nicht sehen kann,
Wird sagen: Immer diese Juden.

Fast alle zivilisierten Nationen,
so steht es im Lexikon,
nehmen an den
Olympischen Spielen teil.

Herr und Frau Jemand aber
Werden den Fernsehapparat abstellen,
Die Zeitung aus der Hand legen,
Die Kneipe verlassen,
Das Radio ausschalten,
Und weiter sagen:
Immer diese Engländer,

Immer diese Italiener,
Immer diese Deutschen,
Von den Franzosen ganz zu schweigen.
Immer diese Amis,
Diese Russen,
Diese Juden,
Diese Neger.

Nun scheiden sich die Geister:
Entweder für die Jemands
Oder
Für die Jugend der Welt.
Welch eine Hoffnung.
Welch ein Wort.
Jugend der Welt!

Es sind die Dummen, die den Haß
    verbreiten,
Es sind die Neunmalklugen, die den Haß
    dann leiten.
Die andern dürfen dann den Rest
    bestreiten.

Die andern sind:
Ein Negersoldat aus Jamaica,
Ein russischer Infantrist aus Kiew,
Ein jüdischer Leutnant aus Tel Aviv,
Ein englischer Flieger aus Birmingham,
Ein italienischer Hauptmann aus Turin,
Ein französischer Matrose aus Bordeaux,
Ein deutscher Unteroffizier aus Duisburg,
Ein deutscher Unteroffizier aus Halle.

Fast alle zivilisierten Nationen
– und das steht nicht im
Lexikon –
haben bisher am Krieg
teilgenommen.

Die »arche« als Reisekabarett, oben von links: HDH, Helga Mummert, Heinz Braß, Helmut Koch

Von Hüsch

Keine Kabarettware, sondern gedachtes und gedichtetes Kabarett. Bonn und Politiker höchstens einmal erwähnen. Einzige Aktualität: der Mensch.

Wir wünschen uns ein äußerst ironisches Kabarett, ein von allen falschen Geistern verlassenes Kabarett, ein Kabarett mit einer Staccato-Poesie, die uns kein Politiker nachmacht. Wir wollen überhaupt nicht mehr von den Herren dieser Welt reden. Wir haben keine Zeit, von ihnen zu reden, denn wir haben nur noch Zeit zu leben. Sehr schnell zu leben. Wir wünschen uns ein skeptisches Kabarett von glasklarem Intellekt, herber Melancholie und verspieltem Herzen. Keine Vergleiche mit Schau-Kabaretts. Keine Vergleiche mit Star-Paraden. Wenn es sein muß, soll es ein ekstatisches Kabarett sein, das von den noch vorhandenen Schönheiten dieser Welt erzählt oder aber einsame Wege aufzeigt, um den Verführern zu entkommen. Wenn es sein muß, wollen wir auch die Kunst des Verlierens aufzeichnen, weil sie immer häufiger benutzt werden muß.

Über Hüsch

Die Weite in Hüschs liebesbestimmten Toleranzdenken ist somit auch als Opposition gegen die Enge der erlebten kleinbürgerlichen Weltsicht zu sehen. Das bei ihm entdeckte prophetische Element kommt im Kabarett stärker zum Tragen als bei kirchlichen Auftritten. Wohin zielt Hüsch mit den Aussagen seines Kabaretts? Fragt man so nach seinen Wirkungsabsichten, so hat sich bei Hüsch ein spezifisches Verständnis von Seelsorge und Prophetie gezeigt. Als Voraussetzung dafür scheint... zu gelten: Der Kabarettist nimmt sich die »Narrenfreiheit«, den rein unterhaltsamen Charakter des Kabaretts zu durchbrechen, existentielle Fragestellungen verkleidet, und um so wirkungsvoller zur Sprache zu bringen. Diese Momente »gehören alle gar nicht ins Kabarett, und das spürt der Zuschauer, das ist ihm nicht geheuer« (Hüsch); es sind Momente, die durchaus einen religiösen Augenblickscharakter haben. Bei der ästhetischen Verarbeitung einer implizit religiösen Wahrnehmung der eigenen Existenz in der Welt fällt die Konsequenz auf, mit der er biblische Zitate im Kabarettprogramm ihrer theologischen Begründungszusammenhänge entkleidet, um sie in eigene ethische Grundeinsichten umzuwandeln.

Und was war noch?

Von 1954 bis 1959 ist Hüsch als Schauspieler und gelegentlicher Autor an neunzehn Produktionen der »Zimmerspiele« beteiligt, u. a. in der Rolle des »Paris« in Wolfgang Hildesheimers »Opfer Helena«, Regie und Bearbeitung des ursprünglichen Hörspiels: Rudolf Jürgen Bartsch. Hildesheimer, der die Mainzer Premiere besuchte, schrieb Bartsch aus Anlaß einer späteren Aufführung des Stückes in Basel: »Über die Basler ›Helena‹ hab ich viel und nur Gutes gehört, durch Briefe, Telephonanrufe und sogar hiesige [er lebte in Poschiavo] Straßengespräche. Gott sei Dank war der wirklich erschütternd komische Hüsch dabei. Für den möchte ich mal ein Stück schreiben!«

Im Sommer 1962 Titelrolle in Bert Brechts »Der Hofmeister« an der Komödie Basel, Regie: Egon Karter, mit: Gaby Gasser, Emily Reuer, Egon Waldmann u. a. Uraufführung des von Hüsch verfaßten pentatonischen Musicals »Der Weiberstreik«, frei nach Aristophanes' Lysistrata-Komödie, mit der Musik von Rudolf Mors, an den Städtischen Bühnen Ulm am 16. Januar 1959.

Seit Mitte der fünfziger Jahre häufige Auftritte in kirchlichem Umfeld, im Rahmen der Deutschen Evangelischen Kirchentage oder – etwas weniger – bei Katholikentagen. Dieses kirchliche Engagement endet (vorerst) Ende der sechziger Jahre.

Im Frühjahr erscheint im Zürcher Sanssouci-Verlag das erste von nunmehr über fünfundzwanzig Hüsch-Büchern: »Frieda auf Erden. Geschichten, die keine Geschichte machen«.

Die erste langjährige Rundfunkarbeit (Laufzeit bis Anfang der siebziger Jahre) Hüschs startet im Dezember 1960. Täglich außer sonntags spricht er im Mittagsmagazin des Saarländischen Rundfunks »Noten und Notizen« (Leitung: Karl-Heinz Schmieding) eine Glosse, die mit der stereotypen Einleitung »Haben Sie den Meier gesehen?« beginnt.

E nzensberger des Kabaretts
Literarischer Entertainer
Ein-Mann-Ensemble voll Witz und
 Weisheit
Ergründer des Menschlichen
Exponent des neuen Kabaretts
Eulenspiegel im Wortgestrüpp
Einzelkämpfer auf Tucholskys Kabarett-
 Spuren
Heinz Erhard für Intellektuelle
Egghead von professoraler Vergnatztheit
Einzelgänger von Spottes Gnaden

Der Erfahrene, der nie zum Routinier wurde
Else Stratmann der Männerwelt
Geniales Enfant terrible
Tragischer Erbe Kassandras
Erfinder des venezianischen Genitivs

Fuchs im Hühnerstall der deutschen
Sprache
Intellektueller Florettfechter
Werner Finck der Linken
Augenzwinkernder Faun
Literarische Fledermaus
Der intellektuellste Frankenfeld, den es je gab

Familie Hüsch, Mitte der siebziger Jahre

Gigant der deutschen Kleinkunstszene
Räsonierender Gnom
Geistvoller unter den Witzelnden
Oft zitiertes »Gewissen der Nation«
Messerscharfer Gesellschaftsbeobachter
Genie der labyrinthischen Wortspiele

Gartenzwerg mit Teufelsblick
Gewissenswurm vom Niederrhein
Großmeister der kleinen Form
Der Hans-Dietrich Genscher des deutschen
Kabaretts
Bezaubernder Gedankenspinner

Rudolf Jürgen Bartsch
Das ganz andere Kabarett

Jubiläumsserenade
für Hanns Dieter Hüsch

Fünfzig Bühnenjahre sind für einen, der Autor und Interpret zugleich ist, mehr als 50 Schreibtischjahre. Denn als Hanns Dieter Hüsch 1946 die Mainzer Universität bezog und so vom zweiten Semester an unsere lebenslange Freundschaft begann, da hatte er schon eigene Texte im Gepäck und die Melodien dazu fertig im Kopf. Mit den Noten freilich, behauptete er damals, hätte er seine liebe Not.

Ich sehe ihn vor mir, wie er, der jüngste unter uns, hager und mager in seinem viel zu langen beigebraunen Mantel allein über das forum universitatis schlendert, auf dem Kopf, um das rostrote Langhaar zu bändigen, einen großen, schwarzen Schlapphut. Dieses Hutes wegen, und vor allem wie er ihn trug, lässig bis verwegen, bewunderte ich ihn, noch ehe wir uns kennenlernten. A Portrait of the Artist as a Young Man. – Heute, nach einem halben Jahrhundert: Zeit für ein Ständchen, eine Serenade. Erster Satz:

Larghetto elegico

Wie lebten wir damals vor 50 Jahren? Mit der Aussicht auf einen langen Frieden? Die aus Krieg, Gefangenschaft und Lazarett Entlassenen hatten meist kein Zuhause mehr oder mußten es in Notwohnungen mit anderen teilen. Die Städte lagen in Trümmern. An den Ruinen klebten Zettel: Lebenszeichen für Heimkehrende. Die Vertriebenen des Krieges konnten nicht mehr zurück.

»Ich trug Schuhe ohne Sohlen,
Und der Rucksack ist mein Schrank.
Meine Möbel habn die Polen
Und mein Geld die Dresdner Bank.«

So dichtete Erich Kästner für die Münchner »Schaubude« 1946. Wir hörten das Chanson in der Musik von Edmund Nick im Radio, von Ursula Herking unvergeßlich interpretiert.

Damals notierte der Schwarzmarkt für eine Schachtel Streichhölzer fünf Reichsmark, für ein Ei zwölf, für 20 amerikanische Zigaretten 150 und für ein Kilo Kaffee 1100 Reichsmark. Und manch einer gab seine Raucherkarte für 60 Mark hin, um damit seine Ausbildung als Schauspieler zu finanzieren.

Wenn wir auch keine Zukunftsperspektive hatten, an Hoffnung mangelte es uns jedenfalls nicht. Du dachtest damals noch daran, Opernregisseur zu werden. Ich wußte nur, was ich *nicht* werden wollte: Dramaturg. Du strichst auf Kreppsohlen an den Seminartüren vorbei, horchtest von draußen, wie man sich drinnen mit dem Türen- und Fensterproblem in *Maria Stuart* abmühte. Und ich folgte zusammen mit unserem Freund Hermann Klippel den Anweisungen von Elmar Tophoven, der mit uns ein von ihm übersetztes Brabanter Sternsingerspiel einstudierte, in dem ich auf der Bühne der Aula als Suskewiet einen schönen Tod zu sterben hatte.

Indes: Weil uns das Leben mit dem Ende des Krieges noch einmal geschenkt worden war, wollten wir dieses Geschenk auch partout behalten und nicht ein zweites Mal gefährdet sehen. Mit anderen Worten: Wir wollten etwas tun oder zumindest aufpassen, daß andere nichts Falsches tun. Im Rückblick auf diese Stunde eins hast du später in meiner Sendung *Unsere frühen Jahre* »die große Hoffnung (beschworen), jetzt wird alles anders, jetzt werden wir wieder Toleranz haben, Respekt vor der Meinung des anderen, Freiheit für den Andersdenkenden«.

Denn nicht nur um zu studieren, kamen wir nach Mainz. Wir kamen, um hier zu sein, hier zu bleiben, vorläufig, das Alphabet des Anfangens zu buchstabieren, mit der unausrottbaren Hungerratte unterm Pullover, allein und in der Clique, im Team, in der Kochgemeinschaft und aufgehoben in ersten Freundschaften. »Es gibt«, lasen wir bei Romain Rolland, »nur ein Heldentum: das Leben zu nehmen, wie es ist, und es dennoch zu lieben.« Während Hanns Dieter Hüsch an seinem ersten Soloprogramm bosselte, das »Der Lachgalgen« heißen sollte, und ich für den ersten internationalen Philosophenkongreß nach dem Krieg in einem Hörsaal Lessings *Der junge Gelehrte* inszenierte, mit Achim Riefenstahl in der Titelrolle, gaben zwei neue Kabarettgründungen uns erste Orientierungshilfen: »Das Kom(m)ödchen« in Düsseldorf und »Die Amnestierten« in Kiel. Das war 1947.

Ich sah »Die Amnestierten« um Ernst König und Joachim Hackethal bei ihrem Gastspiel in Schleswig, Hüsch in den Semesterferien »Das Kom(m)ödchen« in Düsseldorf. Über seine Eindrücke als Zuschauer des ersten Programms von Kay und Lore Lorentz befragt, kam Hüsch zunächst auf seinen Traum zu sprechen:

»Ich hatte die Idee eines kleinen Raumes, einer winzigen Bühne, und davor sitzen Leute an winzigen Tischen. Es kann auch getrunken und geraucht werden. Der Witz war nur: Nie habe ich natürlich geglaubt, daß es so etwas bei uns und auch in anderen Ländern schon seit Jahrzehnten gegeben hat. Das entscheidende Erlebnis war für mich der Besuch im Kom(m)ödchen. Da sah ich: Das gibt es ja! Dieser Besuch war für mich der Anstoß, daß ich mir sagte, eigentlich noch ganz kindlich sagte: Das muß ich auch machen.«

Im selben Jahr 1947, im kalten Monat Februar, in dem in meinem Studentenheimzimmer im Dachgeschoß der Universität verschüttetes Wasser nach kurzer Zeit eine kleine Eisbahn auf dem Fußboden hinterließ, brachte Elmar Tophoven in der Aula seine kabarettistische Revue *Der Regiefehler* heraus, noch ohne Hüsch.

Indes: Wo immer auch in den Räumen der Universität ein Klavier stand, konnte man sicher sein, Hanns Dieter Hüsch dort zu finden. Umgeben von einem Kreis Zuhörender, spielte und sang der spätere Ehrenbürger der Johannes Gutenberg-Universität seine frühen Chansons.

Im Januar 1948 schließlich holten ihn Klaus Martin Meyer und Hermann Klippel für die Kabarettrevue *Der B(r)ettlstudent* auf die Aulabühne. Aus diesem Ensemble wurde dann ein Jahr später unser Kabarett »Die Tol(l)eranten«.

Zu behaupten, der Name sei damals glücklich gewählt gewesen, käme heute wohl keinem von uns in den Sinn, zumal wir – dank Hermann Klippels Regie – alles andere als »toll« im spaßigen Verstande waren. Das hätten schon die kaustisch-ironischen Texte (Hüsch, Klippel, Meyer, Bartsch) nicht zugelassen.

Von jetzt an galt: Hanns Dieter Hüschs literarisches Kabarett auf eigene Faust war, ob im Ensemble oder in seinen Soloauftritten, Wirklichkeit geworden. Und das von Klippel 1949 auf die Musiksaal-Bretter gestellte Dreimannkabarett (Hüsch, Klippel, Bartsch) hatte die Richtung gewiesen: nachdenklich, analytisch-distanziert, bösgefilterte Satire, jedweder Provokation von »Lachsalven« abhold. Gefordert war jene kritische Ironie, von der schon Klopstock sagte, daß sie immer dann am besten trifft, »wenn nicht etwa nur, wer mit Haut und Haar Gauch ist (also Tölpel, Dummerjan), sondern auch der Klügling denkt, sie meine das in allem Ernste, was sie sagt«.

Adagio fantastico molto vivace

Mit dem Gastspiel der »Tol(l)eranten« im Frankfurter »Struwwelpeter«, wo wir im schönen Monat Mai des Goethejahres 1949, die Herking ablösend, täglich spielten, war der erste Schritt in die Professionalität getan. Freilich fuhren wir Abend für Abend nach der Vorstellung mit dem letzten Zug nach Mainz zurück, um anderntags unser Pensum in der Uni nicht zu versäumen. Als Ursula Herking sich am Nachmittag vor ihrer Frankfurter Derniere von mir unsere Texte zeigen ließ, empfand ich es wie einen verbalen Orden, als sie sagte: »Ich sehe schon, wir sind Kinder einer Klasse!«

Mit dem »Zimmertheater« bekam Hüsch für sein Kabarett endlich eine erste Mainzer Spielstätte außerhalb der Universität. Ich hatte das Theater 1950 mit ihm und den Studienfreunden (und Schauspielern) Elisabeth Wagner, Werner Hanfgarn und Rolf Bindseil gegründet und zur Eröffnung Kafkas dramatisches Fragment *Der Gruftwächter* als Uraufführung inszeniert, mit Hüsch in der Titelrolle. Hier im »Zimmertheater« hatten vier seiner Programme Premiere: »Die große Masche – eine herbstzeitlose Desertion« (im Duett mit Marianne Lüttgenau, seiner ersten Frau), »Frieda auf Erden«, »Nikolausige Zeiten« und »Das literarische Klavier«. Und hier traten Hüsch und Bartsch mit ihrem Heine-Abend auf, dessen Ankündigung das Kultusministerium zwar schockiert, aber nicht sprachlos gemacht haben muß. Bekannte wurden ausgehorcht: Einen Heine-Abend? Sind die beiden etwa rot? Und als die Gruppe 47 ihre Jahrestagung in Mainz abhielt und Hüsch und Bartsch von Hans Werner Richter eingeladen wurden, daran teilzunehmen, führten die beiden für die Gruppe im »Zimmertheater« eine von kritisch-ironischen Dialogen begleitete Bücherparade vor. Vorstufe der unter dem Titel »Die 11. Muse« alljährlich neuaufgelegten Verneigung vor der klassischen Brettl-Literatur von Lessing über Tucholsky bis Graßhoff. Diese Begegnung mit den 47ern führte zu bleibenden Verbindungen, sogar Freundschaften.

Intermezzo agitato

Um zu verdeutlichen, was das Besondere, ja Einzigartige an Hüschs literarischem Kabarett ausmacht, verlasse ich an dieser Stelle die historisch-vertikale Perspektive zugunsten des horizontalen Nebeneinanders der von Hüsch benutzten beziehungsweise für sein Kabarett erfundenen Gattungen. Schließlich verhalf das Nebeneinander einzelner Fächerchen im Oval einer porzellanenen Schale im vorigen Jahrhundert dem Kabarett zu seinem Namen: Cabaret. Diese Cabaret genannte Vielfächerschale bot sich dazu wie von selbst an, weil sich auf ihr die verschiedenartigsten Gerichte so kunstgerecht wie servierbereit unterbringen ließen. So hat seit je der eine sich – sagen wir – für Couplet und Szene entschieden, ein anderer gar für drei Fächer und wieder ein anderer bloß für ein einziges, ein subtiles Chanson vielleicht. Hanns Dieter Hüschs beträchtliches Guthaben an Phantasie hat alle diese Fächer, die die Cabaretschale runden, im Laufe seiner 50 Bühnenjahre zu bedienen gewußt. Ich behaupte: Er hat dabei keins ausgelassen, ja, er hat neue hinzuerfunden, die vor ihm im literarischen Kabarett nicht zu Hause waren. Sein Ausdruckswille, besser: seine Ausdruckslust, sprengt Schubfächer und Schablonen. Vom Lied zum Erzählgedicht, von der Ballade zum Oratorium, vom pointierten Dialog zur Kurzgeschichte, vom Chanson zum Choral, von der Rollenprosa zum Psalm, vom Sketch zum rhythmisch gegliederten Feature, von der Moritat zur Motette: »Langsam«, sagt Hüsch, »stellen sich die Formen ein – und *damit* der Inhalt.« Ein erhellender Satz für unsern Mann, seinen Weg, sein Schreiben, sein Dauern.

Bartsch und Hüsch: Bücherparade

Allein die Vielzahl der von ihm beackerten Felder und die Freude am variablen Spiel mit der Form weisen ihn als einen permanenten Avantgardisten aus. So wie er es vermeidet, den Ereignissen thematisch hinterherzulaufen, so braucht er das Experiment mit der Form, ihren spielerisch auszuprobierenden Möglichkeiten.

Mit Recht ist bemerkt worden, daß Hüsch als erster Episches auf die Kabarettbühne gehievt hat. Vielleicht war es die Ballade, das goethesche »Urei« der Dichtung, in dem alle drei Naturformen der Dichtung, Lyrik, Epik und Dramatik, noch vereint schlummern, die Hüsch auf nur Rhapsodisches vorgestimmt hat. Neben Biermann und Hacks kenne ich unter den Lebenden keinen anderen, der den balladesken Ton so intelligent getroffen hat wie Hanns Dieter Hüsch. Möglich aber auch, daß auf dem Weg zum Epischen noch etwas anderes hinzukam, der kurze Talk, den Kay Lorentz im »Kom(m)ödchen«, den Conférencier al-

ter Art ein für allemal kassierend, zwischen die Nummern setzte, ohne Verbindung oder Überleitung von einer zur anderen. Das wurde in Mainz gern übernommen, von Klippel vor allem.

Wie indessen läßt sich eine Kurzgeschichte auf die knappste, für die Bühne geeignete Form bringen? Indem man von einer Figur erzählt, die in allen Geschichten wiederkehrt. So erfand sich Hüsch Kunstfiguren, die ohne Exposition auskommen: die Frieda, den Hagenbuch, Ditz Atrops und andere. Die Zuhörer kennen sie schon, die Geschichte kann ohne Umschweife beginnen.

Die oratorische Form wiederum hat er schon bei den »Tol(l)eranten« auf die Bühne gebracht (»Bitte an die Alliierten«). Sie und auch das szenische Feature bargen, inspiriert durch Hüschs Stilwillen, neue Möglichkeiten, das Publikum zum aufmerksamen Mit- und Nachdenken zu verführen. Durch literarische Zitate, dokumentarische Zeugnisse, mit von den Agierenden abgelösten Stimmen, durch didaktische Stationen-Szenen und durch das Präsentieren von mehreren Schlüssen einer einzigen Szene umspielten wir die plane Pointe und kamen so, als folgten wir einer Spirale, der Wahrheit ein Stück näher.

Wenn ich diesen Dokumentarstil als *ein* Mittel in Hüschs Kabarett mir heute vor Augen führe, dann fällt auf: Hüschs Kabarett hatte damals viel von einem Publikationsorgan, wie Brecht es von seinem Theater schon früh gefordert hatte. Dazu paßt, daß es bei uns zu keiner Zeit angekaufte Fremdtexte gab, erst recht nicht beim Solisten Hüsch auf seiner jahrzehntelangen Reise durch die Theaterlandschaften. Die Autoren der »Tol(l)eranten« wie der späteren »arche nova« (Hüsch und Bartsch) standen auf der Bühne, und nur Klippel, nachdem er Mainz verlassen hatte, um Verleger zu spielen, schickte unter seinem Pseudonym Paul Ormont weiter die von uns mit Spannung erwarteten Szenen.

Auch die Musik kam ohne jede Anleihe aus. Hüsch komponierte seine Musik selbst. Vor dem Mikro des DLF sagte er mir:

»Man muß eine eigene Kabarettmusik machen. Und Tucholsky hat das einmal in einer satirischen Geschichte sehr schön beschrieben: Das kann ein Häppchen Mozart sein, ein dunkel gebeizter Walzer von Brahms, aber auch ein bißchen Jazz und ein bißchen Barock. Wie es ja nun wirklich im ›Kom(m)ödchen‹ so gut gemacht wurde. Eine Mischung aus Jazz, Orff und Matthäus-Passion. Das war für mich Kabarett.«

Nun stand sein Klavier, die Filzhämmerchen mit Reißnägeln besteckt, nie neben, sondern stets auf der Bühne. Von dort griff er in die Szene ein, schlüpfte in eine Figur, um dann wieder vom Klavier aus ein Chanson zu begleiten oder selber eins seiner vielen Liedchen vorzutragen. Dergleichen war in keinem anderen Kabarett zu sehen. Es zeigte zugleich: Hüsch war auch im Ensemble der Solist.

Andante lamentoso

Die Priorität der Form und das Experimentieren mit ihr war nur möglich, weil Hüsch mit seinen Themen weder der Aktualität noch der ihr folgenden politischen Meinung hinterhergehechelt. Wie der Igel ist er immer schon da. Und der wichtigtuerische Hase bleibt auf der Strecke. Seine Kritik beginnt bei der Sprache. Was die Leute so daherreden – Hüsch hat ihnen aufs Maul geschaut und es aufgeschrieben. Durch Selektion und geschicktes Arrangement im Kontext stellt er das auf diese Weise kunstbewußt Neuerstandene kritisch aus. Darüber läßt sich im Publikum noch schmunzeln, bisweilen jedoch schon erschrecken, nämlich dann, wenn dabei der wie auf Hüschs Methode gemünzte bekannte Satz Georg Büchners mitgedacht wird: »Geht einmal euren Phrasen nach bis zu dem Punkt, da sie verwirklicht werden!«

Von tiefem Skeptizismus grundiert und an der Geschichte vorbei mäandert sein Schreiben von der Sprachkritik zur Kultur- und Gesellschaftskritik bis hin zur Kritik am Kabarett selbst. Der Essayist Karl Günter Simon, dem wir die »Kleine Vorschule des modernen Humors«, 1958 unter dem Titel *Das Absurde lacht sich tot* erschienen, verdanken, hat Hüschs literarisches Kabarett als »das Gewissen des Kabaretts« bezeichnet und das mit der vortrefflichen Unterscheidung begründet: »Andere Kabarettisten machen Verse fürs Kabarett – Hüsch macht Kabarett für seine Verse.« Er selbst hat es so formuliert:

»Es ist mir zu wenig, auf die jeweiligen Zeitereignisse zu hören. Ich möchte statt dessen wissen, wie das alles entstanden ist: warum der schweigt, warum der schreibt, warum der lacht, warum der großspurig auftritt ... das interessiert mich. Und dann wird es auch wieder literarisch, zwangsläufig.«

Dagegen der Troß der Auch-Kabarettisten. Da wird imitiert, chargiert, outriert im Dialektkostüm oder im geistigen Mini, daß es nur so seine Un-Art hat! Ein einziger Aufstand der Grimassen! Johannes Rau ist zuzustimmen, wenn er anläßlich der Verleihung des Großen Staatspreises des Landes Nordrhein-Westfalen an Hanns Dieter Hüsch über die Vokabel »Kabarettist« anmerkt:
»Ich habe den Eindruck, als sei derzeit das Wort reichlich inflationär im Gebrauch. Auch unverbindliche Spaßmacher, die es ja auch geben muß, lassen sich gern so nennen und weichen den Begriff auf.«

Gleichwohl: Gefragt sind heute die Animateure, unbeschadet ihres selbst eingebauten Verfallsdatums, weil sie so geschmeidig von den wirklichen Problemen ablenken. Und diese raffinierten Ablenker, stelle ich mir vor, wird Habermas mitgemeint haben, als er in seinem Buch *Strukturwandel der Öffentlichkeit* hervorhob, daß Kultur bei uns zur bloßen Integrationskultur verkommt, zu schierer Unterhaltung, »elastisch genug, sich gleichzeitig auch Elemente der Werbung zu assimilieren«.

Scherzo maestoso

Diese Serenade, vulgo Ständchen, auch Abendmusik, zum Jubiläum von 50 Bühnenjahren bliebe ein Torso, wären für den *Schauspieler* und den *Regisseur* Hanns Dieter Hüsch keine Takte mehr übrig.
Es begann 1950 im Mainzer »Zimmertheater«. Wir spielten im »Haus am Dom«, der alten preußischen Wache, als Uraufführung Kafkas dramatisches Fragment *Der Gruftwächter*. Hüsch gab die Titelrolle, jenen armen, alten Mann, dem es obliegt zu verhindern, daß die Toten Nacht für Nacht aus ihren Friedhofsgrüften steigen. Er ließ sich dafür einen Vollbart wachsen und weißelte ihn zu den Aufführungen mit Puder. Und: »In Mainz, wo die Musen bestimmt nicht übernachtet haben, geschah ein Wunder«, schrieb der Kritiker Heinz Beckmann im *Rheinischen Merkur*. Ein Theater war geboren, der Schauspieler Hüsch war geboren. Dank der Hilfestellung von Alfred Grosser wurden wir eingeladen, mit diesem Stück als erstes deutsches Schauspielensemble nach dem Krieg in Paris zu gastieren. Elmar Tophoven, inzwischen Lektor an der Sorbonne, hat uns in der Kapitale die Wege geebnet.
In zehn Spielzeiten bis 1960 hat Hüsch in zwölf Inszenierungen des »Zimmertheaters« mitgespielt, davon siebenmal in der Hauptrolle. Die Autoren »seiner« Stücke, unter denen drei Uraufführungen waren: Kafka, Benn, Cocteau, Georg Kaiser, Auden, Vaucher, Altendorf, Dürrenmatt, Obeÿ, Wittlinger, Hildesheimer, Frisch. Daneben und im Wechsel behielten ihren festen Platz seine kabarettistischen Soloprogramme; ferner: »Die 11. Muse« und alljährlich ab 6. Dezember das »kritische Oratorium für Soli, Chor und Reißnagelklavier«, dem wir, Treitschke deklassierend, den Obertitel gaben »Weihnachtsmänner machen Geschichte(n)«. Da wir für die erste Oratorium-Premiere 1953 im »Zimmertheater« mit dem Schreiben unserer Texte nicht rechtzeitig fertig wurden, sie also zum größten Teil nicht mehr auswendig lernen konnten, waren Notenpulte die Rettung. Wie eine Band saß das Ensemble auf dem gestuften Podium neben Hüsch an seinem Instrument, sprach en face, spielte zwischendurch en profil und sang die kritischen Choräle vom Blatt. Hüsch im Rückblick:

»Die so entstandene Form eines literarischen Quintetts wurde auch später streng eingehalten. Das Programm bestand aus drei Blöcken: literarische Zeitkritik, parodistische Unterhaltung, Weihnachten, Frieden. Und zwischen den Blöcken brachten wir einzelne Szenen, Chansons und Blackouts.«

Eines Tages kam unser Freund und Bühnenbildner, der Maler Ernst Birkheimer, der einzige Mainzer aus unserem Kreis, mit dem Vorschlag, Hüschs Kabarettensemble einen eigenen Raum zu besorgen. Er fand ihn in der Mittleren Bleiche 8 $^1/_{10}$: Podium, kleine Tische, schwarze Tischdecken, Kerzen.

Mit dem Einzug in diese zweite Mainzer Spielstätte, die »arche nova«, die dem Ensemble unter Hüschs Leitung (mit Agnes Verena, Helga Mummert, Heinz Braß, Rudolf Jürgen Bartsch) auch gleich den Namen lieferte und vice versa, firmierte ab 1956 natürlich das kritische Oratorium des »Zimmertheaters« in derselben Besetzung ebenfalls als »arche nova«. Gleichwohl arbeitete das »Zimmertheater« im »Haus am Dom« weiter. Wenn wir allerdings mit der »arche« unterwegs waren, beispielsweise in den ständigen Gastspielorten Basel, Zürich, Hamburg, München, wo wir jedesmal einen Monat lang spielten, zog das »Zimmertheater« in die »arche nova«, ohne seine Stückwahl umzustellen.

Hüsch hat dann später als Schauspieler auch in anderen Theatern gastiert.

Andante non tanto, quasi moderato

Als die ersten Bücher von Hanns Dieter Hüsch erschienen waren, seine Arche ihren Berg Ararat gefunden hatte, jedes Ensemblemitglied für sich Land gewann, war Hüsch, wie lange vorher miteinander ausgemacht, fortan als »fahrender Schüler« allein unterwegs. Nur einmal noch hat er,

seinem Drang nach Neuem nachgebend, ein Experiment mit jungen Schauspielern aus der Schweiz gewagt, das in seiner Kühnheit unvergleichlich war. Alle Darsteller wechselten nicht wie im Nummernkabarett üblich und unverzichtbar die Rollen, sondern blieben sich über die Länge seines »Sisyphus Circus« in der ihnen jeweils zugeteilten Rolle gleich. Dieses »Kunst-Stück auf Leben und Tod für Clowns«, wie er seinen Circus im Untertitel genannt hat, erinnerte mich, als ich es auf der Arenabühne des Städtischen Theaters Münster sah, an Becketts sprachliche *Endspiel*-Choreographie, an die ins Szenische transponierten Visionen des, mit Kafka zu sprechen, »traumhaft inneren Lebens«.

Vier Jahre zuvor hatte Hüsch mit Silvia Jost als Partnerin seinen *Faux pas de deux* vorgestellt: ein Tanz aus Sprache und Stille. Das agierende Paar in Kostüm und Maske ließ von fern und nah an Wedekinds *König Nicolo* denken. Poetisches Theater hier wie dort. Und nie zuvor auf der Kabarettbühne zu sehen. »Vertontes Schweigen« überschrieb denn auch die Zürcher *Weltwoche* ihre Kritik.

Dergleichen Experimente, die einzig der Rückkehr der Literatur ins Kabarett dienen, sind heute nicht mehr denkbar. Wie ja überhaupt das Ensemblekabarett einen letalen Kollaps erlitten zu haben scheint. Hermann Klippel hat als Grund dafür vor allem das Fernsehen ausgemacht:

»Die Mäzene des Kabaretts, Rundfunk und Fernsehen, favorisieren die Solisten. So müssen wir wohl in Zukunft auf die pointierten Szenen und die frechen Choräle des Ensemblekabaretts verzichten und mit den verbalen Späßen der Solokabarettisten vorliebnehmen.«

Mit anderen Worten: Das literarische Kabarett als moralische Anstalt à la Hüsch wird von Einzelauftritten so naßforscher wie infantilistischer Vergnügungsindustrieller verdrängt.

Andantino amoroso

Was mit Hüsch in Mainz begann, bekam durch das »unterhaus«, in dem das deutschsprachige Kabarett Heimrecht hat, die nötige solide Stabilität. Bedeutend auch das von Reinhard Hippen gegründete und von der Stadt übernommene Deutsche Kabarettarchiv, das Jürgen Kessler seit 1989 leitet. Über Jahrzehnte als sein engster Geschäftspartner freundschaftlich mit Hüsch verbunden, lenkt und leitet Kessler dessen Auftritte. Ein Vertrauensbonus, der in der Branche ohne Beispiel ist und auch gilt für Hüschs Assistenten Peter Neumann, der ihn seit achtzehn Jahren unterwegs betreut.

Kürzlich erzählte Hüsch mir, daß seine Hagenbuch-Geschichten, vor zwanzig Jahren noch enthusiasmiert vom Publikum aufgenommen, heute nicht mehr ankommen, vermutlich weil ihre Skurrilität, ihr surrealer Charme, zur Zeit nicht verstanden werden. Hier darf der Kabarettautor keinesfalls nachgeben und womöglich mit kleinerer Münze zahlen. Einschaltquotenfetischismus und literarisches Kabarett schließen einander aus. Hüsch weiß das. Und er weiß auch, daß das Pendel irgendwann wieder nach der anderen Seite ausschlagen wird.

Das kommt und geht und kommt wieder, sagte er, als wir über Resonanz und Rezeption seiner Texte und allgemein über Probleme der Wirkungsgeschichte von Kunst sprachen. Man könnte sich nun fragen, ob er um der Selbstvergewisserung willen, der inneren Sicherheit, der Treue zu sich selbst, nicht ab und an ornamentale Täuschungsmanöver inszeniert, die Vergänglichkeit zu überspielen. Dann kann er schon mal sagen: »Die Kunst muß helfen!« Obschon er weiß, daß Poesie keine mehr ist, wenn sie in eben dieser Absicht hergestellt wird.

Coda

Nicht Regierungen und Politik interessieren ihn sonderlich, hatte Hüsch beim Mainzer »Aschermittwoch der Künstler« 1997 erklärt, sondern konkret und zugespitzt: »unser Kommen und Gehen«. Kommen und gehen, woher und wohin, und was oder wer wir sind: Exakt hier, zwischen Kritik und Erbarmen, Heimat und Entfremdung, hat Hanns Dieter Hüschs Poesie ihren Platz.

Hanns der Reimer
Dienstältester Humorist der Republik
Eher ein Heiliger denn ein Spaßmacher
Herz-As unter den Solokabarettisten
Trauriger Harlekin
Hannsdampf in allen Gassen
Guter Hirte vom Niederrhein
Hofnarr des Humanismus
Homo niederrheiniensis
Hohepriester der Kleinkunst

»On the road« fürs ZDF. »Greenhorn in der neuen Welt«. »Gestern noch am Toten Meer« u. a.

Inbegriff des deutschen Kleinkünstlers
Insider-Satiriker
Künstlerische Institution
Notorischer Individualist

Januskopf seiner Zunft
Jongleur mit dem Wirr-Witz
»Jazzer« unter den Kabarettisten

In der Rolle des Napoleon, TV 1966

III.

1962–1969 · Auf dem Marsch der Minderheit

Denn es gibt noch ein paar Freunde, die uns brauchen
Und es gibt noch ein paar Menschen, die gescheit sind
Und es gibt noch ein paar Kinder, die noch längst nicht so weit sind
Und es gibt noch ein paar Tote, die uns beim Wort genommen
Freunde, wir haben Arbeit bekommen

OPUS POKUS

Premiere: Februar 1962, Théâtre Fauteuil, Basel
Laufzeit: Bis Mitte 1963

Ironisch-parodistisches Repertoire mit einigen neuen Texten

Aus den Pressestimmen:
Hüsch-Kabarett ist Zwiesprache eines Dichters mit seinem Text. Vor der Schärfe bewahrt ihn die Melancholie, vor dem Idyll der Intellekt: So ist er eine besondere Art von Lyriker, ein Anti-Kabarettist.

> Ich sah einen Mann
> Mit seiner Frau
> Beide schon älter
> Die Frau war blind
> Der Mann konnte sehen
> Er fütterte sie

CHANSONS, GEDICHTE UND GESCHICHTEN

Premiere: Dezember 1962, Kleine Bühne Stadttheater Mainz (Pulverturm), später Neu-aufnahmen im »unterhaus«, Hüschs »Hausbühne« in Mainz ab 1966
Laufzeit: Bis Frühjahr 1969

Eine Zusammenstellung älterer und neuerer Texte vor allem kulturkritischen Inhalts, die Hüsch als skeptischen Individualisten und Meister des literarischen Feuilletons zeigen. Ab Mitte der sechziger Jahre gewinnt das Programm an politischer Schärfe durch die Aufnahme neu entstandener, das politische Klima der Nach-Adenauer-Ära reflektierende Texte: »Von 1961 bis 1965/66 habe ich fast nur »unpolitische« Programme gemacht – sehr ironisch, sehr geistreich, sehr verspielt, mich selbst in Frage stellend. Als aber die NPD aufkam, sagte ich mir: So geht es nicht! Du kannst nicht weiter den intellektuellen Eulenspiegel mimen. Du mußt Dich stärker engagieren.«

Premiere: Frühjahr 1967, Zum Hirschen, Zürich
Laufzeit: Bis Januar 1970

Konzipiert als unterhaltendes Gegenstück zum mittlerweile politischeren »Chansons, Gedichte und Geschichten«-Programm stellt »Cabaretüden« den »spätromantischen Clown« Hüsch in den Vordergrund. Diese Repertoirezusammenstellung enthält die seit Anfang/Mitte der sechziger Jahre (1963 das erste Niederrhein-Lied: »Nahment zusammen«, 1965 erste Niederrheinge-schichte: »Nachfeier«) entstandenen Niederrhein-Texte. Vorläufer des »Schwarzen Schafes vom Niederrhein«.

Nahment zusammen

Wenn die Männer vom Fahrrad
Die Finger noch rot vom Anstreichen
   Mennige
Vorstreichen bei Sachtleben
Oder auch auf der Hütte in Ruhrort
Dann wären sie gern noch schnell bei
   Borgards
Ein Bierchen trinken gegangen
Doch Gretchen Termöhlen hatte schon
   Erpelschlaat auf dem Tisch
Und stand in der Haustür: Nix da!
Hinten im Garten muß noch die Dach-
   pappe weggeräumt werden
Und steht die unvermeidliche Omma und
   prüft die Tomaten
»Dies Jahr sind se früh dran«
Geht schon die Sonne hinter der evan-
   gelischen Volksschule unter
Und über den Zaun ruft dann Minchen
   Brück
Nahment zusammen
Dann swingt in mir die niederrheinische
   Schnulze

Nahment zusammen
Rief man über den Zaun
Lief die Wiesen entlang
Schwamm in grünlichen Seen
Nahment zusammen
Saß man vor seiner Tür

Spielte mit Schlacke und Schilf
Lag im Fenster und sprach:

Was von Krankenhaus und das sind alles
   nur die Nerven
Und mußte sein Fahrrad noch reparieren
Und die Klumpen die Holzschuh noch
   saubermachen
Und daß die Zeit so schnell vergeht
Ich sach noch gestern zu Gertrud nu ham
   wer bald schon wieder Weihnachten
Oder dann sitzen sie in der Küche und
   wissen sich nichts zu sagen höchstens
Nu is die Week ock all wer öm
Draußen färbt sich der Abend grau und
   drinnen die ewigen Stammbaum-
   geschichten:

Die hat doch den Vandertzwach geheirat
ja un davon de Jung de is jetz Betriebs-
   führer bei Rheinpreußen dat ös doch die
geborene Kleinheisterkamp die von
   Bruckschens
Hof aus Kapellen die ös dat mit die lange
Zöpf die un davon de Vaader der hat ganz
früher mal in Orsoy die Fähre unter sich
   gehabt
son großer stattlicher Mensch de is jetz
gestorben Lungenkrebs
Nahment zusammen

64

Nahment zusammen
Rief man über den Zaun
Lief die Wiesen entlang
Schwamm in grünlichen Seen

Und immer über den Zaun Gespräche mit
    Nachbarn in Hemdsärmeln
Und Lise machte den Pflaumenkuchen
Der wurde dann in die Pfefferstraße
    gebracht in die Bäckerei
Gegenüber Frisiersalon Lambrecht da
    bekam ich den Hindenburgschnitt
Nahment zusammen

Und in den Stuben die Klaviere neben der
    Nähmaschine
Daneben ein Schrank und darin ein
    weißer Porzellanhirsch
Also Kunst
Noch von der letzten Kirmes
Geht doch mal zu Onkel Johann hieß es
    dann immer
Der hatte einen Klümkesladen und keine
    Kinder
Und Brausepulver
Waldmeisterstunde

Nahment zusammen
Saß man vor seiner Tür
Spielte mit Schlacke und Schilf
Lag im Fenster und sprach:

Jetzt ös Hein Tavenrath okk all under de
    Erd
Hat schnell gegangen

Wie
Den hab ich doch noch vor drei Wochen
Jaaa wir kommen alle noch dran

So sitzen sie in ihren Küchen
Und so liegen sie unter der Erde
Aus ihren Augen wachsen Butter- und
    Gänseblümchen
Die übrigen schleppen Gießkannen
Harken auf Deuwel komm raus
Können sich über Grabsteine nicht
    einigen
Wissen aber genau wo jeder liegt
Da der Oberstudiendirektor mit dem
    Gibraltarkinn
Und da dieses junge dunkle Mädchen das
    Schokolade
aufs Butterbrot mit in die Schule brachte
Und die Friedhofsgärtnerei Becker ist auch
    schon lange in anderen Händen
Manchmal schickt man was mit Fleurop
    und versucht sich zu erinnern

Alles hätt nen Övergang
Da trokk sich de Voos et Fell över de Kopp
Alles hat einen Übergang
Da zog sich der Fuchs das Fell über den
    Kopf

Nahment zusammen
Rief man über den Zaun
Lief die Wiesen entlang
Schwamm in grünlichen Seen

Und wurde ein schwarzes Schaf

Untertitel: Stücke und Lieder für ein deutsches Quartett
Einziger Auftritt: 20. März 1967, Sendesaal des Saarländischen Rundfunks,
Saarbrücken

Mit: Franz Josef Degenhardt, Hanns Dieter Hüsch, Wolfgang Neuss, Dieter Süverkrüp
Idee/Konzeption: Wolfgang Drescher

Ein bis heute und schon 1968 legendäres, als Konzert angelegtes Gemeinschaftsprogramm, aus
dem vorhandenen Repertoire der beteiligten Künstler zusammengestellt. Aus den in ständigem
Wechsel vorgetragenen, inhaltlich genau aufeinander abgestimmten Nummern entsteht ein fa-
cettenreiches Bild der politischen und gesellschaftlichen Wirklichkeit der Bundesrepublik Ende der
sechziger Jahre. Eine für 1968 geplante Deutschlandtournee scheitert an den unterschiedlichen
Vorstellungen und Verpflichtungen der vier Künstler.

»Quartett '67«: Wolfgang Neuss, Franz Josef Degenhardt, HDH, Dieter Süverkrüp

Freunde, wir haben Arbeit bekommen

Und schon steht der deutsche Spießer
   wieder auf dem Sprung.
Hält seinen Vormund leicht geöffnet.

Zu schlucken, was da fault.
Schon laufen alt und jung und Christ
Und kleiner Mann in seine Arme,
Und alles fängt von vorne an.
Die national-soziale Lederhosenreaktion,

Ihr blutigs Beil noch unterm Bett,
Sie fordert schon, im altbekannten Ton,
Für Deutschland ein gesundes
  Nationalkorsett.
  Ich versteh's nicht.
  Kein Mensch regt sich.
  Und das deutsche Volk pflegt sich.

Die Herren sagen: Randerscheinung.
Und viele sind sogar der Meinung,
Daß man nun diese neodemokratische
  Farbe
Doch endlich wieder ganz genau unter
  Kontrolle habe.
Puritanismus und Josefa Behrens-
  Totenohl im Schrank.
Den Scheitel grade und die Nägel kurz
  geschnitten,
Das wuchert um sich, zieht die Messer
  blank,
Gen Ostland wird natürlich auch geritten.
  Ich versteh's nicht.
  Kein Mensch regt sich.
  Und das deutsche Volk pflegt sich.

Ich kann es nicht poetisch sagen,
Ich weiß nur noch von jenen Jahren,
Wo Menschen ein Stück Vieh für den
  Gefreiten waren.
Ich versteh's nicht,
Keiner geht auf die Straße;
Nur, wenn Gammler dort zu sehn,
Bleiben viele Leute stehn.
Und es leuchtet in ihren so friedlichen
  Augen:
Nur weg mit diesen Untermenschen, die
  nichts taugen.
Das ist des Spießers Zucht und
  Ordnungssinn –
Bollwerk gegen den Kommunismus.
Gegen Mode und Sex,
Geld und Gewinn
Hilft bei uns nur ein neuer Faschismus.
Das ist der alte Hugenberg-Mief,
Die Hindenburg-Diadochen.
Der braune Mob, das sitzt so tief,

Kommt immer wieder gekrochen
Und sitzt an unsrem Familientisch
Und ißt mit uns das gleiche Brot
Und fängt mit uns denselben Fisch
Und schickt Millionen in den Tod.
  Ich versteh's nicht.
  Kein Mensch regt sich.
  Und das deutsche Volk pflegt sich.

Doch, ich denke, darauf können wir uns
  nicht verlassen.
Unsre Freiheit wird bedroht vom selben
  Feind.
Die Bevormundung, sie nimmt kein Ende.
Diese deutsche Krankheit kriegt man
  nicht
Mit Anpassung zu fassen.
Und man möchte mit den Gammlern
  gehen
Und den freien Himmel täglich sehen,
Und wir lägen am Boden und wären nicht
  wer.
Und hätten kein Geld und kein Vaterland
  mehr.
In Kellern säßen wir dann und auf
  Bäumen
Und wären beschäftigt mit anderen
  Träumen,
Und wir sehen manchen Kontinent.
Und wir kennen manchen, den man hier
  nicht kennt.
Und wir hören kein dummes und falsches
  Geschwätz mehr.
Und fürchten kein Notstands- und
  Nazigesetz mehr.

Doch, das geht nicht, das geht nicht,
Denn es gibt noch ein paar Freunde, die
  uns brauchen;
Und es gibt noch ein paar Menschen, die
  gescheit sind;
Und es gibt noch ein paar Kinder,
Die noch längst nicht so weit sind;
Und es gibt noch ein paar Tote, die uns
  beim Wort genommen.
Freunde, wir haben Arbeit bekommen.

Untertitel: Dieses Programm handelt von Dir, nur Dein Name wurde geändert
Premiere: 28. März 1968, Théâtre Fauteuil, Basel
Laufzeit: Bis Januar 1972

Das nach »Carmina Urana« zweite »politische« Programm Hüschs gehört wie jenes zu den rund ein Dutzend »Unverzichtbaren« unter den über siebzig Programmen. Äußerlich wie inhaltlich präsentiert sich Hüsch neu: Das bisher gewohnte Klavier wird erstmals durch eine elektronische Orgel ersetzt, eine Philicorda mit ebener Oberfläche, die dadurch gleichzeitig als Bühnentisch dient, auf dem Hüsch seine Texte ablegen und statt über die rechte Schulter geradeaus zum Auditorium hin sprechen, singen und spielen kann. Der Zweispitz weicht einer Mao-Mütze, der rote Rollkragenpulli einem blauen. Als Reminiszenz bleibt die »traditionelle« Bühnenbekleidung jedoch präsent: Sie dient als Bühnendekoration.
Inhaltlich bietet Hüsch eine sehr persönlich gehaltene Bestandsaufnahme der Situation des »Intellektuellen« Ende der sechziger Jahre. Es ist ein in ursprünglichem Wortsinn dialektisches Programm, in dem trotz einiger direkt politischer Texte und Lieder die »Zwischentöne« dominieren: »Ich habe mich gefragt: Für wen ich schreibe? Wer wen verfolgt? Im Namen der Freiheit und im Namen der freien Menschen finden in allen Erdteilen erbarmungslose Kämpfe statt. Der einzelne Mensch wird immer ratloser. Er verkriecht sich, wenn er Glück hat, in sein Erdloch. Teufel und Engel schreiten über ihn hinweg. Ratlos und verzweifelt stirbt er für eine Sache, die nicht seine Sache ist. Andere sahnen den Rahm ab. Im Namen der Freiheit und im Namen des freien Menschen. Der einzelne Mensch bleibt Freiwild. Ich bin ratlos. Also schreibe ich für die Ratlosen.«

Ich bin ein deutscher Lästerer

Ich habe mich von Kindesbeinen an zu einem deutschen Lästerer entwickelt
Ich habe meinen deutschen Laufstall nicht verlassen
Ich habe schon mit einem Jahr gesprochen
Ich habe schon mit 14 Monaten einen guten Eindruck gemacht
Ich habe schon mit 36 Monaten meinen Scheitel selbst gekämmt
Ich habe niemals Obst gegessen, wenn es nicht vorher stundenlang gewaschen war
(Wer weiß durch wieviel Hände dieser Apfel schon gegangen ist)
Ich habe in der Schule meine Butterbrote immer aufgegessen
Ich habe im Kindergottesdienst immer ausgesehn wie ein Schaf
Ich habe meine deutschen Bleyle-Hosen bis zum »gehtnichtmehr« getragen
Ich habe als Sextaner zur Oberprima aufgeschaut
Ich habe als Primaner Professoren für die Allergrößten gehalten
Ich habe mich dann geistig auf dem laufenden gehalten
Ich habe mich dann musisch auf dem laufenden gehalten
Ich habe mir dann sagen lassen müssen daß ich ein internationaler Mauschler bin
Ich habe mir dann sagen lassen müssen daß ein Volk wie eine Art Familie ist
Ich habe mir dann sagen lassen müssen daß es Gott doch gar nicht gibt
Ich habe mir dann sagen lassen müssen daß es Gott doch gibt

Ich habe mir dann sagen lassen müssen daß ein deutscher Soldat mehr wert ist als ein
    russischer Soldat
Ich habe mir dann sagen lassen müssen daß ein deutsches Kind biologisch viel höher
    steht als ein Zigeunerkind
Ich habe mir dann sagen lassen müssen daß ich ein weltfremder Idiot bin
Ich habe mir dann sagen lassen müssen daß ich doch mal zum Friseur gehn soll

> Sie könnten sich auch mal die Haare schneiden lassen
> Sie haben wohl kein Geld zum Friseur zu gehn
> Sie haben wohl wieder Ihre Trotzphase
> Ich müßte Ihr Chef sein
> Bei Adolf hätten Sie so nicht rumlaufen können
> Wenn ich Ihr Vater wäre ich würde Sie mit einer Heckenschere in die Mache nehmen
> Wir sind auch mit kurzen Haaren groß geworden
> Ein Jahr Arbeitsdienst und die Haare wären weg
> Ihr Friseur hat sich wohl den Arm gebrochen
> Die Haare kann man sich doch wenigstens schneiden lassen
> Ich kann Sie mit meinem Wagen zum Friseur fahren

Ich habe mir dann sagen lassen müssen
Daß Gottes Mühlen langsam mahlen
Daß der gesunde Menschenverstand immer noch die Richtschnur ist
Daß ich nicht so viel rauchen soll
Daß eine deutsche Frau in erster Linie Mutter ist
Daß die moderne Kunst krankhaft ist
Daß ich Vater und Mutter ehren soll
Daß schon der geringste Anstand verlangt zuerst Deutscher und dann Mensch zu sein
Daß ich nicht alles negativ sehn soll
Daß ich indifferent bin
Daß ich einen zu einseitigen Standpunkt habe
Daß ich gar keinen Standpunkt habe
Daß ich doch gleich nach Moskau gehen soll
Daß ich ein Kleinbürger bin
Daß ich verwahrlost bin
Daß ich dafür zu jung bin
Daß so die Freiheit nicht aussieht
Daß ich gerade gehn soll
Daß ich konsequent sein soll
Daß ich in eine Partei gehen soll
Daß ich meine Butterbrote aufessen soll
Daß ich auch mal zum Friedhof gehen soll
Daß ich nicht ungewaschenes Obst essen soll
Daß ich einen guten Eindruck machen soll
Daß ich wieder wie ein Kind werden soll
Daß ich wieder in meinen Laufstall soll
Daß ich meinen Mund halten soll
Daß ich meinen deutschen Laufstall nicht verlassen soll.

HÜSCH & SÜVERKRÜP

Untertitel: Literarisches Kabarett – Politisches Chanson
Premiere: 3. Mai 1968, Audimax Universität Hamburg
Laufzeit: Bis Dezember 1971

Gelegentlich unter dem alternativen Programmtitel: »Frieden hienieden. Hanns Dieter Hüsch trifft Dieter Süverkrüp« gastiert das Duo von 1968 bis 1971 in meist größeren Sälen. Das Programm ist aus dem »Quartett '67« erwachsen, ohne sich jedoch an dessen künstlerischer Konzeption zu orientieren. Auf der Bühne entsteht daher kein Duett, sondern beide Künstler agieren solistisch und präsentieren jeweils Ausschnitte aus ihrem Repertoire. Die Tournee im Februar 1970 liefert den Rahmen für die letzten Auftritte Hüschs in Deutschland vor seinem angekündigten Rückzug in die Schweiz ab März 1970.

SHOW '69

Premiere/Laufzeit: Mai 1969

Mit: Andreas Batista, Sologitarrist des »Festival Flamenco Gitano«, Hanns Dieter Hüsch, Zagreb Jazz Quintett
»Mixed-Media-Show« in großen Sälen, in der Hüsch neben Humoristisch-Parodistischem melancholisch-nachdenkliche Gesellschaftsskizzen präsentiert.

HDH trifft Dieter Hallervorden 1977 im Lokal »Zum kleinen Reichstag« in Moers, wo Hüschs Mutter einst am Zapfhahn stand

Dieter Hallervorden

Unvergeßlich wird mir meine erste Begegnung mit Hanns Dieter Hüsch bleiben. Wir waren vor knapp dreißig Jahren gemeinsam engagiert für die Fernsehserie »Quartett der Komiker«.
Zugesagt hatten alle Schauspieler aufgrund eines einzigen, jedoch ganz ordentlichen Drehbuchs.
Während der Probe zu dieser ersten Folge erschien der Redakteur mit dem Buch für die zweite Folge. Begeistert und von der Qualität seiner Ware überzeugt forderte er uns auf, es in seinem Beisein zu lesen.
Alle vier vertieften sich in die Lektüre. Schweigen. Blättern. Schweigen. Blättern. Ratlosigkeit.
Unauffällig beobachtete ich Hanns Dieter Hüsch. Er studierte das unglückselige Werk mit absolutem Pokerface. Beim Umblättern der Seiten versuchte er hin und wieder, scheinbar ganz zufällig, aus den Mienen seiner Mitspieler deren Einschätzung des Œuvre herauszulesen. Schließ-lich begann er, wie um sich selbst zu beruhigen, seinen Oberkörper rhythmisch zu wiegen... vor und zurück, vor und zurück. Jeder bemühte sich verzweifelt, mit der Lektüre nicht als erster fertig zu sein. Schweigen. Blättern. Schweigen. Blättern. Vor und zurück! Vor und zurück!

Und irgendwann fragte der Redakteur erwartungsfroh: »Na?« Dabei blickte er Hanns Dieter an.
»Ja«, meinte der, während er das rhythmische Wiegen tempomäßig leicht steigerte, »also, ich frage mich irgendwie, ...also ob das bereits die Endfassung sein muß, nicht wahr?«
Und dann – immer höflich und korrekt, in keiner Weise rechthaberisch, nie von oben herab – zerpflückte er das Werk, daß es eine Freude war.

Die Serie wurde nie gedreht. Der damalige Redakteur ist heute Leiter eines bekannten Kabarett-Etablissements in Rheinland-Pfalz...

DIESE REVUE LEHRT EUCH: LEUTE WEHRT EUCH

Premiere: 2. Mai 1969, Kurfürstliches Schloß, Mainz
Laufzeit: Bis Herbst 1969

Mit: Agit-Gruppe München, Wolf Brannasky, Hanns Dieter Hüsch, Hannes Stütz, Dieter Süverkrüp

Auftragsproduktion der ADF (Aktion Demokratischer Fortschritt) zur Unterstützung im Bundestagswahlkampf. Der Premiere folgt eine dreimonatige Deutschlandtournee mit Auftritten vor allem in großen Hallen.

Aus den Pressestimmen:
...Er ist zu gescheit, zu selbstkritisch, um Ideologien nur nachzuhängen. Er ist schlimmer als ein Ideologe – er denkt, messerscharf und nicht immer schmerzlos. Er wägt, urteilt, distanziert – kritisch, amüsiert, ironisch, sarkastisch – er analysiert sich selber, sein Publikum, sein gebildetes, richtet Fragen an die Anwesenden und Abwesenden, richtet Fragen an jene, die längst mit allem fertig sind, stellt fest, daß längst nicht alles zu Ende gedacht ist, und nur langsam schält sich heraus, was den Kern seines neuen Engagements bildet: die Suche nach dem Menschen...

Ein neues Programm – ein neuer Hüsch. Die Zuschauer erlebten ihn härter, kompromißloser, ohne Zugeständnisse an das Unterhaltungsbedürfnis eines breiten Publikums: Vorbei sind die Zeiten der liebenswürdigen komödiantischen Verspieltheit und des geistreichen, melodiösen Chansons. Es präsentiert sich ein engagierter Mann, der keine Zeit mehr für Marginalien und Arabesken hat, der entschlossen auf sein Ziel losgeht, dieser schönen »Gesellschaft« auf die Sprünge zu helfen ... Aus Hanns Dieter Hüsch sprechen die Verzweiflung und Bitternis des ahnungsvollen Chronisten, dessen kritischer Verstand und analytisches Denken auch vor der eigenen Person nicht haltgemacht haben. In manche seiner politischen Bitterkeiten mischt sich schon der Ekel. Beginnt Hüsch seine Feststellungen zum Protest zu formulieren, wird er nur noch Kabarettist unter Kabarettisten sein ...

Komm heißer Herbst

Komm heißer Herbst und mache
Die Bäume alle rot
Komm heißer Herbst und lache
Die Herrschenden lausetot

Verändre unsre Reime
Denn Kunst tut nicht mehr not
Grad wie die großen Bäume
Mach unsere Träume rot

Komm heißer Herbst und zeige
Das Fallen der Blätter im Wind
Daß sich kein Mensch verneige
Vor denen die oben sind

Verändre unsre Lieder
Die Herrschenden zittern schon
Komm heißer Herbst komm wieder
Und mache Revolution

Oktober soll es werden
Oktober soll es sein
des Menschen Not auf Erden
Sie soll zum Himmel schrein

Komm heißer Herbst und bringe
Weil sonst ja nichts geschieht
Den Sturm zu uns und singe
Mit uns ein neues Lied

Ein Lied das alle hören
Im Elend und in Gefahr
Und sich mit uns verschwören
Im Herbst und immerdar

Komm heißer Herbst komm wieder
Die Herrschenden zittern schon
Verändre unsre Lieder
Und mache Revolution.

KLEINKUNSTPHILOSOPHISCHES

Von Hüsch

Ich mein', ich bin ein absolut links-engagierter Mann, aber es kann ja auch ein Friseur Sozialist sein und muß nicht gleich seinen Kunden die Haare sozialistisch schneiden. Ist es denn so verdammt bürgerlich, wenn man sich und seine eigenen Ansichten mal in Frage stellt und nicht immer gleich selbstsicher Haß und frühe Weisheiten von sich gibt. Es gibt doch neben dem engagierten Tucholsky auch den »Wo-kommen-die-Löcher-im-Käse-her-Tucholsky«, den »Ein-Ehepaar-erzählt-einen-Witz-Tucholsky«. Wir werden ja sehen, was am Ende unverbindlicher, volksbelustigender, Masche oder Ehrlichkeit gewesen ist.

Lieder machen keine Revolution, das ist richtig, aber die Revolution macht Lieder. Die besten Lieder werden die sein, die man auch unter freiem Himmel singen kann. Das alte Kabarett-Chanson, mit seinen »schillernden« Pointen für ein kleines kulinarisches Ausgeh-Publikum, ist mit seinem Schummel-Latein nicht mehr zu gebrauchen. Das effektivste Lied wird in Zukunft das gesungene Flugblatt sein. Es wird die Gesellschaft nicht von heute auf morgen verändern, aber es hält die Revolution in Gang.

Im Grunde genommen ist jedes Kabarett politisch. Auch ein Liebeslied kann politisch sein, selbst wenn es noch so privat ist. Schließlich ist es unter gewissen Bedingungen, gesellschaftlichen Verhältnissen geschrieben worden.

Über Hüsch

Formal dokumentiert sich der Einbruch des Politischen in Hüschs Abkehr vom neckischen Sprachschatz, vom bewußten Stottern und vom Pizzicato des Sprechgesangs und in der Hinwendung zu eingängigen Reim- und volksliedhaften Strophenformen. In der Wahl der Themen, in ihrer Verarbeitung zeigte sich der Mainzer nun, Ende der 60er Jahre, nachdenklich bis besorgt, sprach – nur zum Beispiel – vom »braunen Mob«. Doch bald schon genügte sich Hüsch auch nicht mehr in der Rolle des »Poeta vates«, des Rufers in der Wüste, wurde zupackender und rang sich am Ende gar zum Ruf nach Revolution durch... Die Schwierigkeiten in der Annäherung begründen vor allem aber die Texte Hüschs.

Sie vermitteln ein komplexes Weltbild, differenzieren, malen nicht schwarzweiß, geben keine pragmatischen Gebrauchsanweisungen für das Handeln im politischen Alltag, vereinfachen nicht. Vielmehr offenbaren sie: Hüsch taugt nicht zum Leittier, das einer suchenden Herde den Pfad trampelt, bietet keine Patentrezepte für Konfliktlösungen, sondern bringt durch schlichtes Fragen Ordnungen ins Wanken, spielt nicht den Starken, sondern teilt seine Unsicherheiten den Hörern mit.

Und was war noch?

Im Sommer 1963 erscheint im »Pläne«-Verlag, Düsseldorf, Hüschs erster von inzwischen über fünfundzwanzig Tonträgern: »Chansons«, eine EP mit vier Liedern: Kinderkreuzzug, Terra, Bittere Reise, Ich schäm' mich so.
Am 19. Januar 1964 wird das einzige Hörspiel Hanns Dieter Hüschs, »Das Mißverständnis«, vom Südwestfunk produziert und gesendet. Es ist eine Auftragsarbeit für die von Werner Hanfgarn geleitete Abteilung »Literarisches Wort« beim in Mainz ansässigen Landesstudio Rheinland-Pfalz.
1965 stirbt Hüschs Vater.
Von März 1966 bis April 1969 präsentiert Hüsch allmonatlich die kabarettistische Funksendung »Zoll und Haben. Eine Monatsbilanz«. Eine Koproduktion von Radio Bremen und dem Saarländischen Rundfunk, die später auch von anderen Sendern übernommen wird.
Zwischen 1966 und 1969 entstehen im Auftrag des ZDF unter der Regie von Kurt Bernhard Schmaltz elf satirische Reisefeuilletons mit Hüsch als Autor und Darsteller, z. B. aus den USA: »Gold, Rausch und fette Beute«, Erstsendung 4. Februar 1967.
Im Frankfurter »Theater am Turm« spielt

Waldeck 1967

Hüsch unter der Regie von Claus Peymann die Rolle des »Ziffel« in Bert Brechts »Flüchtlingsgespräche«. Sein Partner ist Conny Reinhold. Das Stück hat Premiere am 13. September 1967 und steht bis Oktober 1968 auf dem Spielplan des TAT.

Von 1966 bis 1968 Auftritte beim legendären »Festival Chanson – Folklore – International« auf der Burg Waldeck im Hunsrück: Der vom Waldeck-Publikum bejubelte Auftritt Hüschs 1966 wird von Klaus Budzinski in einem Artikel in der »ZEIT« über das Chansonfestival heftig angegriffen und mit dem Verdikt »fehl am Platz« bedacht. An Pfingsten 1967 gehört

Hüsch mit dem Programm »Chansons, Gedichte und Geschichten« neben F. J. Degenhardt und Walter Mossmann zu den gefeierten Publikumslieblingen und künstlerischen Höhepunkten des Festivals. Am 14. Juni 1968 muß Hüsch die Vorstellung von »Eine schöne Gesellschaft« aufgrund lautstarker, offensichtlich zuvor organisierter Proteste von einem Teil des Publikums nach zwanzig Minuten abbrechen: »...und dann saß ich auf diesem Podium auf einem Stühlchen, und vor dem Mikrophon stellten sich etwa 20 Leute auf, und jeder einzelne trat an das Mikrophon und richtete Herrn Hüsch, ein kleiner musikalischer Schauprozeß. Ich saß in Angst, in

Enttäuschung, in Empörung, aber auch in völliger Ohnmacht da oben. Wie ein Tribunal, so hab ich das empfunden.«

Die Konsequenzen aus dieser Erfahrung und den nach der Waldeck 1968 sich häufenden Störungen seiner Auftritte zieht Hüsch im Herbst 1969. Er beschließt, ab März 1970 für mindestens ein Jahr in Deutschland nicht mehr aufzutreten – mit Ausnahme seiner Mainzer »Hausbühne«, dem »unterhaus«: »Bei manchen Veranstaltungen konnte man nach fünf Minuten schon wieder die Koffer packen oder die Veranstalter waren gar nicht orientiert, welchen ›liberalen Scheißer‹ sie sich da eingeladen hatten. So weit, so lächerlich. Aber wer dies als Sänger oder Texter weiterhin durchzustehen vermag,

bitte. Ich komme mir inzwischen jedenfalls reichlich überflüssig vor und möchte jetzt einmal Zuhörer sein.«

Sein Hamburger Impresario Alfred Oswald, der schon das Kieler Studentenkabarett »Die Amnestierten« und Hüsch seit »arche«-Zeiten vertrat, stirbt Mitte der sechziger Jahre. Der Herausgeber dieser Chronik schließt im November 1969 seinen ersten Veranstaltungsvertrag für Hüsch ab. Gelegentlich auch als Bühnentechniker für ihn im »unterhaus« Mainz tätig, beginnt er Anfang der siebziger Jahre Hüsch als Tourneeleiter beim befreundeten Hamburger Konzertunternehmer Karsten Jahnke, der bis Mitte der siebziger Jahre jährlich einige Tourneen veranstaltet, zu begleiten.

Minnelied 68

Viele Männer treten oft den Heimweg sehr
    betreten an,
genau wie ich.
Ja, ich weiß das, weil ich viele Männer
    kenne,
wie sie sich ihr Brot verdienen;
wie sie ihre Vorgesetzten fürchten,
sieht man doch an ihren Mienen.
Und sie haben dann kein Saitenspiel zur
    Hand,
keine Leier;
können nicht der lieben Frau ein Ständchen bringen und von Minne singen.
Haben sich gestritten, etwa auf der Suche
    nach Zusammenhängen, haben Krieg
    und Frieden, Geld und Geist, Gut und
    Böse auf den Kopf gestellt,
haben alles ganz genauestens untersucht
    und die Welt mit Bier begossen –,
waren hoch berauscht und sind dann tief
    gefallen;
Worte, nichts als Worte blieben übrig:

Eine Lösung finden wir ja heute doch
    nicht mehr,
sagen alle dann zum Schluß.
Treten dann betreten ihren Heimweg an,
und nicht nur das, denn sie haben
    festgestellt:
Jeder hält den eigenen Nabel für den
    Nabel dieser Welt,
dennoch, jeder geht allein nach Haus,
genau wie ich.
Und wenn ich dann in der Türe stehe, bin
    ich zwar kein Troubadour,
habe keine Leier und kein Saitenspiel zur
    Hand,
doch es singt mir mein Gefühl,
und es sagt mir mein Verstand:

Zwiebelschälende Ophelia,
Hemdenbügelnde in meinem Reich.
Sieh, ich kehr' geschlagen heim.
Nähmaschinentrampelnde Penelope,
Abfalleimerschleppende an meinem Hof,
Graubrotschneidende –
schenke mir dein Lächeln.

Denn ich habe wieder mal erfahren
  müssen,
daß du immer recht hast.
Ich hab' wieder mal erfahren müssen,
daß du alles besser und im voraus weißt.
Ich hab' wieder mal erfahren müssen,
daß man sich auf niemanden verlassen
  kann.
Ich hab' wieder mal erfahren müssen,
daß man manches ruhig verpassen kann.

Kragenknöpfesuchende Ophelia,
Blumenordnende in meinem Reich.
Sieh, ich stehe in der Tür.
Kinderstrümpfestopfende Penelope,
Hintertreppenputzende an meinem Hof.
Schularbeitenüberwachende –
bitte mich zu Tisch.

Denn ich habe wieder mal genau erlebt,
wie ich dich vermisse.
Ich hab' wieder mal genau erlebt,
daß du immer mir zur Seite stehen mußt.
Ich hab' wieder mal genau erlebt,
daß du nicht ersetzbar bist.
Ich hab' wieder mal genau erlebt,
daß das Glück mit dir unschätzbar ist.

Kleiderändernde Ophelia,
klügste Frau in meinem Reich.
Setz dich neben mich.
Sehr geduldig wartende Penelope,
einz'ger Mensch an meinem Hof.
Allesahnende –
ich hör dir zu.

Kaffeekochende Ophelia,
Teppichsaugende in meinem Reich.
Du und ich, und ich und du.
Bettenmachende Penelope,
Lichtausknipsende an meinem Hof.
Marketenderin –
komm, wir gehn zur Ruh'.

Kultfigur der deutschen Kleinkunst
Zeitloser Komiker
Singender Kabarettist mit Grips und Witz
Kleinkunst-Tramp
Kleinkunst-Odysseus im Kleinbürgermief
Kabarettist mit Relativitätshumor
Kitschgemüt mit Goldbrokat
Kleinkunstmoralist
Kinski des deutschen Kabaretts
Kammerclown mit metaphysischen
   Untertönen

Klassiker der Kleinkunst
Kobold, Conférencier und Komödiant
Räsonierender Kauz
Niederrheinischer Kafka
Kopfmensch voll kindlicher Sehnsüchte
Kabarettlegende
Kabarett-Feuilletonist
Kabarettist, Sänger, Poet und
   Gottweißnochwasalles
Karl Kraus unter den deutschen
   Kabarettisten

Lordsiegelbewahrer der bundes-
republikanischen Kleinkunst
Literat des Phantastischen

Resignierter Lyriker
Landneurotiker
Lyriker mit dem Mut zur Ironie
Scharfsinniger Lyriker
Deutsches Lästermaul
Ringelnassischer Lyriker
Am Leben geschulter heiterer
   Melancholiker
Einziger Lyriker unter den deutschen
   Kabarettisten
Langzeittyp

Mozart der Kleinkunst
Minnespötter
Melankomiker
Skurrile Mischung aus Karl Kraus, Karl
   Valentin und Kurt Tucholsky
Vom glühenden Missionar zum lächelnden
   Weisen
Meister auf dem rhetorischen Hochseil
Leicht ausgeflippter Märchenonkel
Meister der Mimik
Begeisterter Minimalist
Moralist in bester Kästnerscher Tradition
Meister der blitzschnellen und blitz-
   gescheiten Montage
Milieu-Humorist
Radikaler Moralist
Poetischer Magier der Marotten
Meister des gedrechselten Satzes und der
   indirekten Rede
Jürgen von Manger für die gebildeten
   Stände
Menschenfreund von aufgeregtester
   Besinnlichkeit
Meister der poetischen Idyllen
Musik-Poet verspielter Sprachmelodien
Meister der Zwischentöne

Narr als Philosophenkönig
Nomade mit Abitur
Melancholischer Nihilist
Querdenkender Narr und
  Konjunktivskeptiker
Nonsensanarchist
Nestor des deutschen Kabaretts
Narr ohne Hof
Niederrheinisches Naturereignis

Treffpunkt Studio Bern
Oben: Walter Hedemann, Edith Bussmann,
Werner Schneyder

Erika Pluhar

Lore Lorentz

Mathias Richling, André Heller

Hana Hegerova, Franz Hohler

Oldtimer deutscher Kleinkunst
Weiser Onkel von nebenan
Poetischer »Otto«

Mit Orden, Preisen und Ehrenbürger-
würden reich belohnter lieber Gott des
deutschen Kabaretts

HÜSCH

DAS NEUE PROGRAMM

Ein neues Programm
von und mit
Hanns Dieter Hüsch

Sekretariat & Tourneeleitung H.D. Hüsch Jürgen Kessler Mainz
Foto G. Schlechtriemen Grafik J. Parikanz D. Senkerik Druck Schmidt & Bödige

IV.

1970–1980 · Rückzug in die Poesie

Ich sing für die Verrückten
Die seitlich Umgeknickten
Die eines Tags nach vorne fallen
Und unbemerkt von allen
Sich aus der Schöpfung schleichen
Weil Trost und Kraft nicht reichen

ENTHAUPTUNGEN

Untertitel: Ein Fall für jedermann
Premiere: 12. März 1970, Théâtre Fauteuil, Basel
Laufzeit: Bis Frühjahr 1972

Bühnenbild: Jürgen von Tomëi

Mit Ausnahme des Gastspiels im Mainzer »unterhaus« (April, Juni, Dezember 1970) bis Mitte 1971 nur in der Schweiz und Österreich gespielt. In diesem poetischen Gegenstück zum politischen 68er-Programm »Eine schöne Gesellschaft« formuliert Hüsch seine künstlerische Antwort zu den auf der Waldeck und bei nachfolgenden Auftritten gemachten negativen Erfahrungen mit der politisch-dogmatischen Linken: Absage an jegliche Ideologie, Bekenntnis zu Phantasie und Nachdenklichkeit, im Gewand poetisch-literarischer Clownerie dargestellt. Erstmals seit den »arche nova«-Produktionen arbeitet Hüsch wieder mit einem echten Bühnenbild und ansatzweiser Kostümierung. Er trägt seinen alten Zweispitz zu Beginn und Papierkrone, Clownsnase und einen sogenannten Emil Jannings-Kragen zum Schluß des Programmes. Von Band werden Wort- und Musikpassagen eingespielt. Hüsch spielt in »Enthauptungen«, seiner dramaturgisch geschlossensten Produktion, zwei Rollen: den »Maître« und seinen »Patienten«, einen »Clown aus wirklicher Verrücktheit« (Vorläufer der »Hagenbuch«-Figur). Hüsch präsentiert einen »Fall aus der Krankengeschichte des Menschen« in diesem ersten einer Reihe von die »Welt als Irrenhaus« thematisierenden Programmen.

Aus den Pressestimmen:
... Es gibt Sätze bei Hüsch, die sind von einer poetischen Kraft und zugleich von einer Konkretheit, daß sich ein Vergleich mit Tucholsky aufdrängt. In jedem solcher Sätze artikuliert sich die Pathologie des Alltags, die uns nur deswegen nicht bewußt wird, weil sie eben alltäglich und allgegenwärtig ist. Hüsch hat mich überzeugt, daß es richtig ist, das Leben als eine Art Parodie auf sich selbst zu begreifen ...
... Enthauptungen ist wohl sein reifstes Programm ... an der Vertiefung jener Weisheit, die sich mit der Maske des Narren tarnt, um mit voller Narrenfreiheit die Dinge beim Namen zu nennen, das

Publikum in seine Welt hineinzulocken, eine Welt, die sich irgendwo zwischen Lachen und Weinen, zwischen höchster Lebensbejahung und tiefster Resignation befindet. Seine Zukunftsvisionen beleuchten unsere Zeit, sein Lachen bleibt (uns) oft im Halse stecken, seine humanen Träume könnten, müßten eigentlich zu unseren Anliegen werden.

Für wen ich singe

Ich sing für die Verrückten
Die seitlich Umgeknickten
Die eines Tages nach vorne fallen
Und unbemerkt von allen

An ihrem Tisch in Küchen sitzen
Und keiner Weltanschauung nützen
Die tagelang durch Städte streifen
Und die Geschichte nicht begreifen

Die sich vom Kirchturm stürzen
Die Welt noch mit Gelächter würzen
Und für den Tod beizeiten
Sich selbst die Glocken läuten

Die an den Imbißtheken hängen
Sich weder vor- noch rückwärtsdrängen
Und still die Tagessuppe essen
Dann alles wieder schnell vergessen

Die mit den Zügen sich beeilen
Um nirgendwo zu lang zu weilen
Die jeden Abschied aus der Nähe kennen
Weil sie das Leben Abschied nennen

Die auf den Schiffen sich verdingen
Und mit den Kindern Lieder singen
Die suchen und die niemals finden
Und nachts vom Erdboden verschwinden

Die Wärter stehen schon bereit mit Jacken
Um werkgerecht die Irrenden zu packen
Die freundlich auf den Dächern springen
Für diese Leute will ich singen

Die in den großen Wüsten sterben
Den Schädel schon in tausend Scherben
Der Sand verwischt bald alle Spuren
Das Nichts läuft schon auf vollen Touren

Die sich durchs rohe Dickicht schieben
Vom Wahnsinn wund und krank gerieben
Die durch den Urwald aller Seelen blicken
Den ganzen Schwindel auf dem Rücken

Ich sing für die Verrückten
Die seitlich Umgeknickten
Die eines Tages nach vorne fallen
Und unbemerkt von allen

Sich aus der Schöpfung schleichen
Weil Trost und Kraft nicht reichen
Und einfach die Geschichte überspringen
Für diese Leute will ich singen.

HEIL DIR IM LORBEERKRANZ

Premiere/Laufzeit: 19.–25. September 1970, unterhaus, Mainz

Lesung von zwei als Funkmanuskript entstandenen Texten: »Lyrik und Registratur oder die Wandlung des Jacob Maria Andernach« und »Heil dir im Lorbeerkranz«, eine Preisverleihungs-Satire.

HÜSCH – TEXTE UND LIEDER

Premiere: 9. Juni 1971, Eltzer Hof, Mainz
Laufzeit: Bis Ende 1974

Alternativer Titel: »Typisch Hüsch. Chansons, Gedichte und Geschichten«. Repertoire aus älteren und neueren Texten, zusammengestellt für Veranstaltungen und Spielorte, die ein geschlossenes Programm nicht zulassen.

Mit Redakteur Hilmar Bachor bei Aufnahmen für den WDR

ÜBER DIE KUNST, EIN THEATER ZU ERÖFFNEN

Premiere/Laufzeit: 5.–13. September 1971, unterhaus, Mainz

Zusammen mit: Joana, Manolo Lohnes, Reinhard Mey, Schobert & Black, Hannes Wader

Auftragsproduktion für das »unterhaus« zur Wiedereröffnung im neuen Domizil. Hüsch spielt den Moderator der einzelnen Abende und trägt neben den für diesen Anlaß geschriebenen Texten Sprechgesänge aus »Enthauptungen« vor. Am ersten Abend schenkt er dem »unterhaus« die »arche nova«-Glocke.

Hannes Wader

Hanns Dieter, alter Freund,
hier sitze ich und schreibe an und für Dich
ein paar Zeilen zu Deinem 50sten Bühnen-
jubiläum – und ich tue es gern. Dabei fällt
mir auf: Zum letzten Mal haben wir uns
auf Deinem 70sten Geburtstag getroffen.
Das Mal davor warst Du mein Gast, an-
läßlich meines 50sten. Dazwischen liegen
jeweils Jahre.
»Wir müssen uns mal wieder sehen –
nicht nur immer bei unseren Jubiläen –,
einen Aquavit trinken und uns in Ruhe
unterhalten«, sagen wir dann. Vielleicht
planen wir sogar gemeinsame Projekte.
Und dann wird doch wieder nichts draus.
In der Freude über unsere Begegnung neh-
men wir den Mund oft ein bißchen zu voll.
So ist das. Wir sind deswegen noch keine
Lügner. Obwohl – ich weiß von einem be-
freundeten Musiker, der, von den nicht
eingehaltenen Zusagen und »Sprüchen«
seiner Kollegen entnervt, der Szene den
Rücken gekehrt hat und Psychologe im
Weserbergland geworden ist. Wir sollten
das verstehen, uns schämen – und so wei-
ter machen wie bisher, schließlich haben
wir ja auch viel zu tun.
Überdies denke ich oft an Dich. Wenn ich
auf Tournee ein Plakat von Dir sehe, sage
ich mir: »An deiner Stelle hätte Hanns
Dieter – statt hinten im Auto zu sitzen und
Kreuzworträtsel zu lösen, so wie du – (die
in der Süddeutschen sind oft schwerer als
die im FAZ-Magazin) – schon längst wie-
der einen Song oder ein Gedicht gemacht.«
Na ja, das eine oder andere Lied habe auch
ich schon im Auto geschrieben.
Wenn ich Dich lange nicht gesehen habe,

stauen sich die Fragen, die ich Dir gerne
stellen möchte. Die Frage, warum Du –
behaupte ich jetzt mal – der Beste von al-
len bist, beantwortet sich nur zum Teil aus
der Tatsache, daß Du mehr Talent hast
und mehr arbeitest als andere. Da muß es
noch was anderes geben. Ich kriege es
schon noch raus.
Ist etwas dran an dem Gerücht, daß Du
beabsichtigst, mit 75 von der Bühne abzu-
treten? Wenn ja, laß es doch – ich will
Dich, um Himmels willen, auf gar keinen
Fall in Deiner Entscheidung beeinflussen –
erst mal auf Dich zukommen.
Der schöne Spruch: »Unser Leben währet
70 Jahre. Und wenn es hoch kommt, 80
Jahre. Und wenn es schön war, so ist es
Mühe und Arbeit gewesen«, mag für uns
Jüngere zutreffend sein, wir können ja
noch gar nicht wissen, ob wir überhaupt
70 werden. Aber in Deinem Fall, lieber
Hanns Dieter, muß die Bibel umgeschrie-
ben werden. Nun bin ich nicht Martin
Luther, aber ich habe schon mal damit an-
gefangen. Vorschlag:
»Unser Hanns Dieter währet 100 Jahre.
Und wenn es hoch kommt, 120 Jahre. Und
wenn sein Leben Mühe und Arbeit gewe-
sen ist, hat er das nicht so gemerkt, weil es
schön war!«
Hanns Dieter, mein Lieber, wir müssen
uns mal wieder sehen, einen Aquavit trin-
ken und uns in Ruhe unterhalten. Übri-
gens habe ich zufällig noch das ein oder
andere Projekt in der Schublade. Also, ich
stelle mir vor, daß Du…

Sei umarmt von Deinem alten Freund
Hannes.

86

Laufzeit: April bis September 1972

Konzerttournee zusammen mit Schobert & Black und Hannes Wader. Alle Beteiligten agieren so-listisch und präsentieren Auszüge aus dem eigenen Repertoire. Ähnlich organisierte Tourneen fol-gen im Dezember 1975: »Liedermachertreffen« mit Ulrich Roski und Schobert & Black und, von Januar bis März 1976, »Chanson und Kabarett. Hanns Dieter Hüsch trifft Ulrich Roski«.

»Schobert & Black« 1973 (links Lothar Lechleiter. »Schobert« Wolfgang Schulz starb 1992 im Alter von 51 Jahren)

Lothar Lechleiter

Lieber Hanns Dieter,
es ist ein tolles Gefühl, seit nunmehr 35
Jahren Dein Freund und Kollege sein zu
dürfen, und natürlich fällt mir spontan
unsere gemeinsame 3-Monats-Tournee
Anfang der 70er Jahre – Hanns Dieter
Hüsch, Hannes Wader, Schobert & Black –
quer durch Deutschland, die Schweiz und
Österreich ein.

Ich hatte Euer Vertrauen, Euch fahren zu
dürfen.
Du, Hanns Dieter, hast hinter mir gesessen
und, wie es sich für einen guten Kabaretti-
sten gehört, die Bild-Zeitung, den Express
u. ä. gelesen, denn Du machtest so ganz
nebenbei noch jede Woche einen kabaret-
tistischen Beitrag in der Unterhaltung am
Wochenende *für den WDR.*
Neben Dir saß Hannes und sang das
schöne Lied »O Haupt voll Blut und Wun-

den« so, wie er glaubte, daß es Konrad Adenauer gesungen hätte, nämlich mit dem berühmten Pfeifen zwischen den Zähnen. Oder er zitierte zusammen mit Schobert Adolf Hitler, was ähnlich komisch war.

Irgendwann kamen wir im Verlaufe der Tournee auch nach Itzehoe und besuchten gemeinsam ein italienisches Restaurant und wurden dort – wie Du in Deinem Buch »Du kommst auch drin vor« geschrieben hast – nach kurzer Zeit wegen Eurer zu langen Haare rausgeworfen. Das habe ich ja noch verstanden, denn Ihr habt wirklich schlimm ausgesehen; warum ich das Lokal auch verlassen mußte, weiß ich bis heute nicht. (Ich habe mittlerweile fast eine Glatze und würde es so gerne noch einmal hören.)

Für das Buch wünsche ich Dir viel Erfolg, die 50 Bühnenjahre sind unglaublich.

Bleib gesund

PS: Da ich seit Mitte '96 indirekt Mitarbeiter des Bertelsmann-Verlages bin: »Willkommen im Club!«

SPEKTAKEL – ODER WIE SOLLEN WIR ES NENNEN?

Untertitel: Revue der Nebensächlichkeiten. Ein Relief der unwesentlichen Dinge. Ein Requiem auf das Unwichtige: Nach einer fixen Idee von Hans-Günther Hüsch vorgeführt von den Absolventen der St. Schwermuts Schule und den Schülern der freischwebenden Akademie für Verständnislosigkeit. Unter Zuhilfenahme des Alphabets. Unterstützt von streunenden Musikanten an der Oberfläche des Erdballs.
Premiere/Laufzeit: 16. September bis 14. Oktober 1972, unterhaus, Mainz

Mit: 36 Laiendarstellern und Mitwirkenden u. a.: Arthur Bergk, Renate Fritz-Schillo, Rolf »Gockel« Gekeler, Reinhard Hippen, Jürgen Kessler, C. F. Krüger
Text/Konzeption/Regie: Hanns Dieter Hüsch
Regieassistenz: Baldur Gasparek, Fred Probst

Haus- und Sonderprogramm zur Spielzeiteröffnung des »unterhauses«. Im Stil einer Performance ähnlich, variiert Hüsch in diesem poetisch-absurd-verspielten Programm die Themen Vergänglichkeit, Vergeblichkeit, Bedeutungslosigkeit der menschlichen Existenz. Die »Bühne des Lebens« wird durch einen Laufsteg quer durch das »unterhaus« dargestellt, über den die Akteure wie in einem endlosen Karnevalszug hinwegziehen – um dann, wegen des Anschlusses, immer um das Haus Walpodenstraße 6 herumzurennen. Als Darsteller ist der Autor (wohl auch deshalb) nicht beteiligt; die von ihm gesprochenen Texte werden vom Tonband eingespielt.

Spektakel – oder wie wollen wir es nennen?

»Faux pas de deux« mit Silvia Jost

HÜSCH LIVE – 25 JAHRE

Untertitel: Von den »Frieda«-Geschichten zu den »Enthauptungen«. Chansons,
Gedichte, Geschichten von 1948 bis 1973
Premiere: 22. Februar 1973, unterhaus
Laufzeit: Bis Ende 1975

Den Schwerpunkt in diesem Rückblick Hüschs auf sein Vierteljahrhundert Kabarett bilden Texte
der fünfziger Jahre, erstmals vorgetragen bei der Entgegennahme des neugeschaffenen »Deutschen Kleinkunstpreises«.

FAUX PAS DE DEUX

Untertitel: Ohne Alternative, ohne Relevanz, ohne Zielgruppe; individualistisch, esote-
risch, exklusiv – anschließend keine Diskussion
Premiere: 25. April 1974, Kellerbühne St. Gallen
Laufzeit: Bis Mai 1975

Mit: Silvia Jost

Mit Ausnahme einer öffentlichen Veranstaltung des WDR in Köln am 20. September 1974 nur in
der Schweiz vorgetragenes Programm. Sehr poetisch angelegt, greift »Faux pas de deux« in
Form und Thematik auf »Enthauptungen« zurück. Silvia Jost und Hüsch stellen zwei Insassen
einer Irrenanstalt dar, die einen Theaterabend für Besucher veranstalten. Auch privat ist Hüsch
mit Silvia Jost verbunden. Für fast sieben Jahre nur sporadisch in Mainz, wurde Bern in den siebziger Jahren zu seinem zweiten Wohnsitz.

Walzer in F

Sicher kennen Sie diese Melodie
Oder ist Ihnen diese Welt so fremd
Jetzt kommt der skandinavische
   Mittelteil…

Wenn am Abend in den Gärten
Sich die Toten ein Stelldichein geben
Fangen alle alten Dinge
An zu sprechen und wieder zu leben

Und ich sehe die Verwandten
Mal in Schwarz und mal in Bunt
Und sie reiben sich die Finger
An den Fensterscheiben wund

Und sie fragen ohne Ende
Fragen nach dem Enkelkind
Ob es seine Ruhe fände
Oder ob es wie Peer Gynt

Durch die Wälder durch die Wüsten
Mit zerbrochenem Herzen zöge
Oder ob es wie ein Vogel
Übers Eismeer zum Niemandsland flöge

Oder ob es mit den Spielern
In den Kneipen die Zukunft verspiele
Ob es immer noch so schmal sei
Was es denke empfinde und fühle

He he hejaja lalalalalala

Wenn am Abend in den Gärten
Sich die Wolken zart lila verdichten
Kommen aus den toten Köpfen
Diese krausen und kranken Geschichten

Und die Großen auf den Bergen
Jagten mit Lawinen ihn
Und die Dampfer auf den Meeren
Sahen ihn nach Kairo ziehn

Und die Sphinx in seinem Rücken
Ließ zwar seine Haut schneeweiß
Doch verfolgt von ihren Blicken
Lief zuletzt er nur im Kreis

He he hejaja lalalalalala

Wenn am Abend in den Gärten
Sich die Toten ein Stelldichein geben
Fangen alle alten Dinge
An zu sprechen und wieder zu leben

Und die Orgeln in den Kirchen
Spielten alle immer mit
Zwei Schritt vorwärts zwei Schritt
   rückwärts
Sisyphus auf Schritt und Tritt

Und die Bauern in den Stuben
Schlürften ihre Teller leer
Und die Mägde auf den Dielen
Zeigten Grübchen und noch mehr

Und ich sehe meinen Vater
Wie er seine Brille putzt
Und dann seh ich wie er mich sieht
Und ich sehe wie er stutzt

Und ich höre wie er flötet
Eine Wagner-Melodie
Daß das Leben ihn getötet
Sagt er seinem Visavis

Wenn am Abend in den Gärten
Sich die Blumen im Walzertakt wiegen
Sitz ich oft an meinem Fenster
Und versuche mich selbst zu besiegen

Und ich sehe meine Mutter
Mit der Brosche und dem Hut
Und sie fragt mich wie's mir gehe
Und ich sage leidlich gut

Und sie dreht sich zu den andren
Die erheben die Blasinstrumente
Und sie singt dazu die Worte
Wie's mir wirklich ergangen sein könnte

Und dann ging er in die Taiga
Traf sich abends mit Rimbaud
Später kam noch Baudelaire
Und sie brannten lichterloh

Denn sie sprachen von den Städten
Von den Nächten und vom Mai
Und von den verschiednen Betten
Und dann schwiegen alle drei

He he hejaja lalalalalala

Und die Fiedler auf den Straßen
Spielten sich die Finger lahm
Bis der Tod sich eines Tages
Selber eine Fiedel nahm

Und er lief noch durch die Felder
Sah von weitem schon das Haus
Doch dann brach er tot zusammen
Und sie trugen ihn ins Haus

He he hejaja lalalalalala

Und da liegt er schon seit Tagen
Ohne Atem und ohne Licht
Man besichtigt seine Narben
Seine Seele die sieht man noch nicht

Und die Toten in den Gärten
Sie versuchen ihm jetzt zu beschreiben
Daß die Freude und die Trauer
Immer schön in der Schwebe bleiben

Und die Kinder auf der Erde
singen heut noch dieses Lied
Von dem was war was ist und sein wird
Doch da ist kein Unterschied

Und so ist auch dieses Lied hier
Nur ein Bruchstück von Küste zu Küste
Denn es kann schon morgen wahr sein
Daß ein andrer es singen müßte

He he hejaja lalalalalala ...

PRIVATISSIME

Untertitel: Texte und Lieder
Premiere: 18. Dezember 1974, unterhaus
Laufzeit: Bis 1978

Zunächst präsentiert Hüsch vor allem Texte und Lieder des in Deutschland nicht gespielten »Faux pas de deux«. Die intellektuelle, kulturpessimistische Strenge vieler Texte macht einen Teil des Publikums ratlos. Ab Mitte 1976 wird das Programm mit leichteren, unterhaltenden, zumeist niederrheinischen Geschichten kombiniert.

Die Pausensuppe

Das Wort zum Montag

Also ihr Lieben
Heute wollen wir wieder mal das
Wort zum Montag üben
Damit ihr keine intimen Probleme habt
Und damit auch alles schön klappt
Empfehle ich euch vor allen Dingen
Die folgenden Ratschläge mitzusingen:

Äpfel essen
Vorspiel verlängern
Nachspiel verkürzen
Größte Vorsicht bei Gewürzen
Ins Wadenbein pieken
Länger kalt duschen
Schwarzbrot gut kauen
Sich auch mal stundenlang auf die Finger
    hauen
Oder wie die Erfahrung lehrt
Auch alles mal völlig umgekehrt

Äpfel kalt duschen
Vorspiel verkürzen
Ins Schwarzbrot pieken
Wadenbein gut würzen
Länger heiß baden
Und beim Baden kräftig quieken
Nachspiel gut kauen
Und sich vorher auch mal tüchtig
    verhauen
Oder wie die Erfahrung lehrt
Diese Ratschläge sind nur bedingt was
    wert:

Denn Dings macht potent
Und Bums impotent
Lutscher machen lesbisch
Limonade frigide
Schokolade nymphomanisch
Apfelsinen homophil

Am besten kommt man immer noch so
    zum Ziel
Dicke lieben besser als Dünne
Radfahrer kommen schneller als Sänger
Fliesenleger können öfter als Bäcker
Apotheker verzögern besser als Gärtner
Und Protestanten sind im Dunkeln
besser als Katholiken im Freien
Um sich aber von allen Rezepten
endgültig zu befreien:

Auch mal eine Blume ins Schamhaar
    flechten
Und wenn Sie das alles auf einmal
    möchten
In den Vervielfältigungsapparat einen
    Knoten machen
Und beim Nachspiel nicht lachen, bitte
    nicht lachen
Und wenn das alles partout nichts hilft
Sich auch mal ein Herz und eine Seele
    fassen
Und es einfach mal lassen, einfach mal
    lassen
Mal lassen mal lassen
Oder das Ganze von vorne anfassen:

Äpfel essen
Vorspiel verlängern
Nachspiel verkürzen
Größte Vorsicht bei Gewürzen…
Den Rest schenk ich mir und diesem
    Gesang
denn wie wir's auch drehen und was wir
    auch nehmen
Das Dümmste bei diesen intimen
    Problemen
Das ist der Zwang
Der dreimal verfluchte
Gesetzlich verbuchte
Geschichtlich verruchte
Unmenschliche Zwang.

»…zur Zeit«

Karl-Gustav macht polit-gynäkologische
    Lieder,
Fritz-Ottmar macht emanzipierte-
    protestantische Lieder,
Heinz-Detlev macht sado-poetische
    Bekenntnislieder,
Und ich mach dummes Zeug.

Klaus-Kuno macht elisabethanisch-
    erotische Aufklärungslieder,
Hans-Axel macht pathologisch-hinter-
    gründig utopische Lieder,
Franz-Günther macht parapsycho-lyrische
    Horrorlieder,
Und ich mach dummes Zeug.

Jakob und Emmi sind jetzt mit ihren
    Liedern wieder engagierter geworden
Und bekommen dafür demnächst den
    »Erkenn Dich doch selbst mal«-Orden,
Anita und Josef wurden leider schnulzig
    und unverbindlich neutral
Und erhalten in diesem Jahr nicht den
    goldenen »Lach über Dich selbst mal«-
    Pokal.

Dagegen sind Anton und Carmen sehr viel
    konkreter geworden
Und erhalten dafür den Gebratenen-
    Pekinger-Enten-Orden.
Auch Inés und Peter sind politisch total
    transparenter inzwischen
Und wollen zusammen mit Susi und Saul
    bei jeder Bewußtmachung mitmischen.

Auch Kay und Hannelore sind jetzt
    dialektisch enorm relevanter
Und erhalten demnächst für ihren
    «Drogen-Song« von Radio Cuxhaven
    den Goldenen Panther,
Selbst Uwe und Petra haben jetzt wieder
    diesen open-air-geschulten alternativen
    Touch
Und ich mach nur noch Quatsch.

Paul-Erich hat jetzt endlich mit seinen
    Balladen die Schallmauer der
    Wirklichkeit durchstoßen,
Krafft-Volker gehört jetzt mit seinen
    Knast- und Kinder-Opern zu den wirk-
    lich ganz Großen
Und Willibald hat mit seinen Aktions-
    strophen der Gesellschaft mal wieder
    aufs Maul geschlagen,
Dagobert dagegen will mit seinen
    ökumenischen Liedern das
    Christentum hinterfragen.

Ekkehard lebt in Bottrop und entlarvt zur
    Zeit die bolivianische Krise,
Christopher lebt in Kassel und entlarvt
    zur Zeit die Analyse dieser Krise,
Guntram lebt in Lübeck und entlarvt zur
    Zeit die Krise dieser Analyse,
Und ich mach dummes Zeug.

Die Songgruppe »Sägespäne« macht jetzt
    eine Tournee durch die Mandschurei,
Die Songgruppe »Hammer und Sichel«
    war beim Pressefest in Budapest auch
    dabei,
Die Songgruppe »Stachelbeere« will jetzt
    aus der Fabrik wieder auf die Straße
    gehn,
Ich kann das verstehn, ich kann das
    verstehn, ich kann das verstehn.
Ich hoffe dennoch inständig, ihr behaltet
    mich alle a bisserl noch lieb,
Denn marketingmäßig, wie ich erfuhr, bin
    ich ein Lang-Zeit-Typ,
Doch pfeif ich auf diese Erkenntnis und
    prophezeie euch: Ich mach – damit es
    sich reimt – dummes Zeuch.

Delirium, Delarium, Delirium, Delarium,
    Löffelstiel,
Ja, die Weltgeschichte ist doch ein äußerst
    vielseitiges schöpferisches Spiel,
Mal Folter, mal Frohsinn, mal Frohsinn,
    mal Folter auf jedem Gebiet,
Und, dazu dann das passende Lied.

Einzige Aufführung: 1. Januar 1976, unterhaus

Sonderprogramm zum zehnjährigen Bestehen des »unterhauses«, vorgetragen am ersten Abend der sich über einen Monat erstreckenden Jubiläumsveranstaltungen. Hüsch greift auf Repertoire zurück, insbesondere auf »Über die Kunst, ein Theater zu eröffnen«, und schreibt eigens zu diesem Anlaß neue Texte.

Mit Ce-eff Krüger im »unterhaus« Mainz

Carl-Friedrich Krüger
Gruß der »unterhäusler«

Als wir uns am 31. Januar 1966 mit dem Amateur-Kabarett »die Poli(t)zisten« zum erstenmal auf die Bühne der Mainzer »Katakombe« wagten, saß Hanns Dieter Hüsch im Publikum und schrieb nach der Premiere ins Gästebuch: »Ich war sehr begeistert!«

Ein unverdientes Kompliment für die Anfänger, gewiß, aber diese Freundlichkeit und Hilfsbereitschaft für den Nachwuchs ist eines der herausragenden Kennzeichen für den deutschen Kabarettisten, der wie kein anderer eine ganze Generation junger Künstler beeinflußt und gefördert hat. Ob er in unserem »unterhaus«-Sprungbrettl jungen Talenten den Weg ins Profi-Lager ebnete, den Deutschen Kleinkunstpreis moderierte (mit dem er als erster ausge-

zeichnet wurde), Erstveröffentlichungen mit einem lobenden Vorwort versah oder Empfehlungen an Theaterleiter, Plattenfirmen und Verlage richtete: Ohne seinen grenzenlosen Einsatz wäre die deutschsprachige Kleinkunstszene um vieles ärmer!

Und natürlich auch unser Mainzer »unterhaus«, das für ihn, nachdem die »arche nova« versunken war, zur zweiten Heimat wurde und bis zum heutigen Tag eines seiner Stammhäuser geblieben ist.

Herzlichen Glückwunsch, Hanns Dieter, Dank und Liebe im Namen aller unterhäusler!

DAS SCHWARZE SCHAF VOM NIEDERRHEIN

Premiere: 31. März 1976, unterhaus
Laufzeit: Bis Ende 1978

In Form eines epischen Solos konzipiert, erzählt Hüsch die Geschichte einer niederrheinischen Kleinstadtfamilie als satirisch-spöttisches Porträt des deutschen (Klein-)Bürgers in seiner Alltäglichkeit und Verrücktheit.

Aus den Pressestimmen:
Als »Das schwarze Schaf vom Niederrhein« kehrt er in das Milieu und an den Ort seiner Kindheit zurück. Er erzählt, parodiert, blödelt, singt, schlüpft in die verschiedensten Rollen, springt assoziativ von einem Gedanken zum anderen, und auch wo er sehr witzig ist, spürt man die Melancholie durch, die angeblich die Eigenschaft aller großen Clowns ist.

Der Birnbaum im Hof
Und die Treppe im Hausflur
Im Garten die Kirschen
Die Pappeln im Wind

Das Haus mit dem Erker
Die Straße nach Schwafheim
Wer weiß wo die Menschen
Von damals jetzt sind?

HANNS DIETTER HÜSCH
GEZ. U. HEINDRIESSEN

Premiere: 1. Dezember 1976, unterhaus
Laufzeit: Bis Ende 1978

Literarisch-philosophisches Programm, als zeitlos-zeitkritisches Einmanntheater angekündigt. Über der Orgel hängt eine Luftschutzkellerlampe, auf der Orgel steht ein Teegedeck. Erstmals präsentiert Hüsch seine neue Kunstfigur »Hagenbuch« in einem geschlossenen Programm.

Zugabe

Als nun das sogenannte Programm
gegen 23 Uhr
aufs Ende zuging
fühlte er sich verpflichtet
nach mehreren verschiedenen artigen
  Verneigungen
einmal zählte er dabei bis sieben
wie in der Narkose
noch einmal den Schauplatz
den wahnwitzigen
der letzten zwei Stunden zu betreten
eigentlich nur
um den Menschen
die ihm zuliebe oder sich zu Liebe
oder aus Neugier oder aus Langeweile oder
  zum Zeitvertreib
erschienen waren
eigentlich nur um denen
die ja nur in ihrer eigenen Küche
  beheimatet waren
zu danken
daß sie ihm
dem Bekenner des Ausweglosen
überhaupt zugehört hatten.
Für 5 oder 10 oder sogar 15 Mark
immerhin kein Pappenstiel in diesen
  Tagen
wo ja noch die Geschenke

das neue Abendkleid für Silvester und
  so fort
und überhaupt alles neu zu berechnen war
er wußte auch
daß er nun allerhand wohl zu hören
  bekäme
daß er dieses und jenes Thema vielleicht
  zu lasch
oder zu schwer oder gar falsch oder auch
  überhaupt nicht
gebührend behandelt habe
insgesamt könnten noch Kürzungen,
  Straffungen, Reduzierungen,
  Konkretisierungen,
und mit der Zeit würde alles sicher noch
  leichter
und weniger das Private
weniger Überschneidungen
und mehr das Komische
»wie haben wir doch damals im Frühjahr
  noch...«
aber sonst:

Na ja, nein, nein, na bitte, na schön aber,
na und, na klar, ich ruf Sie an, ja natürlich,
natürlich aber aber! Na ja, doch doch, jaja,
ja natürlich, na na na! Wie bitte, ja natürlich, genau, ach nein, ja doch, jaja, natürlich,
ja natürlich, vielen Dank. Danke.

Einzige Aufführung: 19. Juni 1977, 11 Uhr, Stadttheater Mainz (ZDF-Matinee live)

Musik: Fritz Maldener mit Combo
Text: Hanns Dieter Hüsch
Unter den Komparsen: Reinhard Hippen
Bühnenbild: Gerd Kraus
Bühnen- und Fernsehregie: Wolfgang F. Henschel

ZDF-Auftragsproduktion zur 500-Jahr-Feier der Mainzer Universität. Von Hüsch gestaltet in Form eines poetisch-surrealen Theaterstücks, unterstützt von pantomimisch agierenden Statisten. Mehrere Rollen spielend und doch immer Hüsch, erzählt er als szenisches Psychogramm den (eigenen) Lebensweg eines fahrenden Poeten und Clowns quer durch die Jahrhunderte. Eine in Handlung umgesetzte »Kopfinnenwelt«.

Der lange Marsch eines Clowns
(Auszüge)

I
Ich bin gekommen
Euch zum Spaß
Und gehe hin
Wo Leides ist
Und Freude
Und wo beides ist
Zu lernen
Mensch und Maß

II
Ich
Clown und Versteckspieler
Zirkusherz und krauses Mundwerk
Lunaparkwächter und Mondverkäufer
Wein im Knopfloch und Blumen
im zotteligen Haar
Tränenlacher und Hanswurst
in allen Gassen
ward geboren heute jetzt und immerdar
Wüstensprinter Wasserspeier
und siehe
ich springe
von den flandrischen Gewässern
zum Bankett nach Köln
1513 in Florenz
stellte ich die Jahreszeit dar

1890 trug ich das GSCHELL
in Rottweil
verkam und verging auf Narrenschiffen
carrus navalis
Jetzt stehe ich mit Staub und Glocken
hier
und bediene die Tam-Tam-Maschine

III
Als ich geboren wurde
konnte mein Vater
einen Pfennig auf mein Mundstück legen
als dies die Nachbarn sahen
sagten sie
mit was man auch den Mund beschwert
so lernt mans Grinsen
na ja
Ihr meint
jetzt sei inzwischen Euer Mund so groß
geworden
daß kein Geldstück mehr auf Euer
Mundwerk paßt
ausgezeichnet
so läuft der Mund dem Geld voraus
und wer ihn nicht beizeiten hält
bleibt arm wie eine Kirchenmaus
Mein Vater trug mich über Stock und
   Stein
und setzte mich auf eine Trauerweide

IV
Tagebuch des ewigen Clowns:
Spottdrossel unter reichlich
viel Himmel
die Orgel drehend in teutschen
und in welschen Landen
sich selbst nicht verstehend
und von den andern meist auch nicht

IX
Ich fand im 15. Jahrhundert einen Gönner
der vermachte mir von seinem Wams
die Schellen und die Glöckchen
Nun
sagte er
was werdet ihr mit diesen Glocken tun
Das Gras
und die Menschen aufwecken
das Gras und die Menschen
die Menschen sollen das Gras wachsen
    hören
das Gras soll wachsen und der Mensch
    soll
zusehn und sich darüber freun
ich will so lange diese Glöckchen läuten
bis Gras über den Menschen wächst
Ich werde eure Schellen und Glöckchen
an meine Kappe stecken
denn ich schüttel über diese Welt sehr
oft den Kopf
genau so oft wird es dann schellen
Ihr Herr,
löst die heiklen Dinge mit dem Degen
ich versuche es mit Glocken
und außerdem
ich hab noch meine Trauerweide und
    mein
eigenes Gelächter
wenn ihr mal einen Narren braucht
ich bin im Süden zu erreichen

X
Der Clown
kennt keine Himmelsrichtung
sagt er Süden
meint er Norden

sagt er Montag
ist schon Dienstag
hält er sich am Weinglas fest
zerspringt sein Herz

XII
O welche Kurzweil trieben wir in Köln
o welche Kurzweil
welche Kurzweil
Es war 1549
Da warfen wir den Grafen Christof
von Gleichen
in die Maske eines Voglers:
Grüne Hosen Kurzer Rock Grüner Hut
Ich hatte eine Ledertasche mit Hühnergarn
und nach Mitternacht
bestellten wir eine stille Musica
und zogen zu Herrn Wasserfaß
dem Reichsten aller Bürger
der kostbarstes Silbergeschirr
im Haus hatte
Nach ausgelassnem Tanz
gab's Wildbret Federvieh Konfekt
und Obst und Wein und Bier
Man blieb bis gegen fünf zusammen
und sagte dann:
Ich möcht noch all Tag so fasten
ich möcht noch all Tag so fasten

XIII
Florentinischer Karneval
Dichter und Maler
standen um mich herum
und fragten wo ich herkäme
Wo ihr herkommt sagte ich
Der Unterschied ist nur der
Ihr könnt dieses Land darstellen
ich muß es in meinem Kopf
in meinem Kopf mit mir herumtragen
Da lachten die Herren Künstler
und zeigten mir ihre gewaltigen Wagen
für den Festzug
und als ich den Dichtern vorschlug
ich möchte bei den Jahreszeiten gern
den Herbst darstellen
schlugen sie es mir nicht ab

XIV

Dann wanderte ich viel umher
mit ein paar Scherzen kommt man
leicht ins Spiel
auf dem Lande spielte ich den Tölpel
in der Stadt den Sänger
an den Höfen die ironische Partei
die Frauen verwirrte ich
mit undurchsichtigem Gelächter

XV

Und als der Mond dicker und dicker
wurde
und endlich unterging
schaukelte er aber noch lange in meinem
Glase und in meinem Geiste
ich sah mein lachendes und mein
weinendes Auge
da machte ich mich auf
nach Mainz
der goldenen Herberge
an den Wassern des Rheins
und mischte mich unter die
die mit Narrheit und Poeterei
beladen sind
im Kopfe
und in den Füßen

XVI

Feiner Regen
Kleine Gossen
Leere Flaschen
Müde Flossen
In Gamaschen
Und die Hände in den Taschen
Wie ein Segel ohne Schiff
Ohne Geld und ohne Fahne
Schaukelt eine Karawane
Kleine Narren
Große Sorgen
Wasserfarbe hält verborgen
Geist und Gier
Eine Straßenbahn wird älter
Keine Zukunft steht Spalier
Und das Herz schlägt
Wie ein blinder Passagier

XIX

Ihr
die ihr tausend Jahre älter seid und mehr
So sagt uns doch
Wo flog die Tugend hin
In welchen Türmen sitzt sie eingemauert
Sind Fehler unser einzig Maß
Das reine Herz wer kann es halten
Die Unbestechlichkeit
Das klare Auge
wem sind sie eigen noch
Oder ist Irrtum unser Schicksal
Das uns flüchtig streift
wie der Kohlweißling
der auf und ab den Strauch der Ruhe sucht
Wem soll man folgen
Wenn auf den Höhen noch der weite Blick
die Seele lächeln läßt
doch in den Tälern schon das Unheil
    blüht
Wie soll man milde bleiben
wenn sich die Dämmerung in unsere
    Gärten
schleicht
und die Geschichte uns allein läßt
Wir die wir tausend Jahre älter sind und
    mehr
Lernend und lehrend von den alten Zeiten
wir stehn noch mitten in der Schlacht
Doch ziehn die Flüsse ihres Wegs
Die Menschen liegen in den Armen sich
Aus Bosheit Liebe Neid und Glück
Die Trauben leuchten Jahr für Jahr
So werden einst auch wir ein Mosaik
und zeigen stumm
Wo Tugend und wo Trauer war

102

Premiere: 13. September 1977, Renaissance-Theater Berlin
Laufzeit: Bis Mitte 1980

Sammeltitel für Programme unterschiedlichsten Charakters, der die Mitte/Ende der 70er Jahre in Mode gekommenen Veranstaltungen unter dem Oberbegriff »Poesie und Musik« parodistisch aufgreift und die damalige Zuordnung zur sogenannten Liedermacherszene abgrenzend berücksichtigt.

Ach du lieber Hölderlin
laß mich als Amöbe
in Deinen Schädel ziehn
Schenk mir einen Flügel
von Deinem Wahnsinnssturm
Denn ich will nicht
denn ich will nicht
in meinen Elfenbeinturm.

Untertitel: 30 Jahre Hanns Dieter Hüsch. Chansons, Gedichte und Geschichten aus Programmen von 1948 bis 1978
Premiere: 7. Dezember 1977, unterhaus
Laufzeit: Bis Ende 1981

Sehr erfolgreiches »Best of 30-Jahre-Programm« in zunehmend größer und voller werdenden Sälen und Theatern.

Bundesdeutscher Frohsinn

Am Anfang steht immer ein Vorspiel
Die Scheinwerfer strahlen
Der Vorhang geht auf
Dann folgt das Eingangslied
Und was man dann sieht:
Sind 4 oder 5 oder manchmal auch 6 –
(Jedenfalls keckes Kabarettistengewächs)
Muntere Bürschlein und flinke Maiden
Die nun zwei Stunden tanzend und
    singend
Stehend und springend
Schmollend und grollend
Hintergründig die Äuglein rollend
Ständig beeiden:
Wie schlecht doch die Zeit und wie
    schlecht doch die Welt sei
Wie schlecht doch der Mensch und wie
    schlecht doch das Geld sei
Und ist dann der erste Refrain vorbei
Sieht man im Scheinwerferlicht ein
    Einzelgesicht
Ein engagiertes Einzelgesicht
Das glasklare Worte spricht
Wie: Mensch oder Menschheit
Dann tut sich auch choreographisch sehr
    viel
2 Schritte vor: Politisches Lied, 3 Schritt
    zurück mit Tonartwechsel
Zwischendrein ein bißchen Klamotte mit
    Schuß
Dann nach den harten Nummern im
    Programm

Folgt immer die heitere Note
Tote und dann die heitere Note
Tote und dann die parodistische Note
Tote und dann die menschliche Note
Und dann wieder heiter
Ist auch die Weltgeschichte schon drei
    vier fünf sechs sieben acht Monate
    weiter
Aktuell sein ist doch ein herrliches
    Lebensgefühl
Und wenn dann der Pianist gegen Schluß
    den Klavierdeckel schließt
Alles nach Hause geht oder den netten
    Abend begießt
2 Schritt' vor und 3 Schritt' zurück
Sind wir alle ein großes Stück weiter
Denn das Ergebnis dieser Stunde
(Minister saßen in der ersten Reihe)
Heiter geht die Welt zugrunde
Und die vielen Hilfeschreie gut verpackt
    leicht pointiert
Aufgeschlossen frisch und nett
Das ist bundesdeutscher Frohsinn
Bundesdeutsches Kabarett

Jaaa ...
Prangern wir doch wieder mal an
Reißen wir auf und weisen wir hin
Auf die querdeutschen Mißständ'
Und legen unseren kritischen Finger auf
    manch kreuzdeutsche Wund'
Wahrlich wir sind schon Lausbuben und
    Pointenhallodris

Tanzen immer auf lebensgefährlichem
    Seil und sind neidisch
Daß heute keiner mehr wird verhaftet von
    uns
Aufrüttler wir und immer skurril und
    skurril und skurril
Stehen wir da und schauen den Dreggers
    aufs Maul
Mit unserem Quodlibet-Zwang
Dialektsprecher bevorzugt Kohl-Imitator
    gesucht
Ach, das ist schon 'ne schöne Berufung:

»so eine Entkrampfungsanstalt
wollen die Leute auf Mißstände aufmerk-
    sam machen, sie dazu zwingen nachzu-
    denken über diese Mißstände und sich
    eine eigene
selbstverständlich durch unsere Form in
    eine Tendenz gebrachte ... öh ... öh
in einer Tendenz gebrachten Form darüber
    nachzudenken
unsere ... unsere Rolle ist eigentlich die
    der ... öh ... öh ... der ... öh ... der
Entkrampfung ja ... wir wollen also Dinge
Die sich also festgefahren haben so dar-
    stellen wie sie in unserem
ganz subjektiv darstellen
so wie wir sie sehen ...«

Ach, es hat schon seinen eigenen Reiz,
    glauben Sie mir
Zu necken die Zeit (Regie: Einen Schritt
    vor!)
Zu wecken die Zeit
Zu betten die Zeit
Zu retten die Zeit
Immer bereit (anschließend Dornkaat und
    Diskussion)
Nachdenklichermacher wir im einfachen
    Kleinkunstkittel
Rollkragenpullis gibts schon ab 9,85
Geistreich geistreich geistreich

So machen wir uns selbst zum Alibi
Für unsere wunderschöne Demokratie

Ja, plant uns ein
Damit man nicht fragt: Wo sind sie geblie-
    ben
Sonst werden wir ganz bitter
Wir deutschen Kabarettisten, ja und rufen
    ins Publikum: Nein nein nein
(die letzten drei NEIN vielleicht mit
    unterlegter Orgel,
    vielleicht auch nicht, oder doch, jeden-
    falls mit Licht, oder nein ganz dunkel
    oder, na, das wird uns noch einfallen,
    Hauptsache, das deutsche Kabarett lebt,
    lebt, lebt)

Oh
Ihr Satiriker alle
Von Heine, Heinrich
Bis Tucholsky, Kurt
Ihr armen Schweine des Wortes
Jeder in seiner eigenen Hölle nun
    schmorend
Was hat euch gefehlt
Wer hat euch getrieben
Lebenslänglich Hanswurst der Nation
Auf euren Grabsteinen müßte doch stehn
Nicht ernst genommen
O ihr Berufspropheten
Habt Nachsicht mit uns wenn wir in eure
    Fußstapfen treten
Schon ahnend
Daß wir im eigenen Land
Immer nur vor der Tür stehen
Von Mühsam, Erich
Bis Borchert, Wolfgang
Nicht ernst genommen
Erschlagen und vor die Hunde gegangen
Bestenfalls aufgenommen als dumme
    Jungs
Die die Geschichte ein bißchen garnieren
Mit geistreichem Spott
Fabelhaft
Schon der saftige François Villon
Urvater aller Spötter
Machte zwei Testamente
Man kann ja nie wissen
Voilà

Immer den Strick um den Hals
Und der Strick kommt von oben
Und unten wird zugesehn
Immer das alte Lied
Wer die Geschichte allzu ernst nimmt
Wird von denen die sie machen nicht
    ernst genommen

Denn die Herren lassen sich ungern ins
    Handwerk pfuschen
Kroppzeug die ganze satirische Brut
Weg damit
Hält doch nur auf
Es sei denn mein Lieber als quirliger
    Schelm
Sind Sie willkommen an all unsren
    Tischen
Jederzeit
Auch den Damen bereitet ein spitzbübisch
Wort
Allemal großes Vergnügen
Fabelhaft
Oh
Ihr Träumer zerbrochen an allen Regeln
    der Kunst
Von Wedekind, Frank bis Mehring, Walter
Was sollen wir tun
Wir sind in der Hand von Show-
    Diplomaten
Die die Satire verpacken um sie dann
    besser an den sogenannten Mann zu
    bringen
In Wirklichkeit aber die Wahrheit
    verpacken
Aus allen Himmelsrichtungen kommen
um uns vor ihre Karren zu spannen
Und wenn er dann läuft der Karren
Hat die Satire ihre Schuldigkeit getan
Und der Satiriker kann gehn
Wo ist der Karren der für uns gezogen wird
Ich sehe keinen

Habe nun 30 Jahr' lang versucht die Welt
    zu verändern
Die Verhältnisse und alles das und so
Weil ja das gesellschaftliche Sein das
    Bewußtsein oder nein…

Weil ja das Milieu das gesellschaftliche
    Sein oder nein…
Weil ja die Verhältnisse nicht ganz so sind
Oder auch das Bewußtsein das gesell-
    schaftliche, nein…
Müssen wir ja erst mal die Struktur
Weil das ES das ICH zernagt
Hallo Lenin oder jedenfalls Grüß Gott
Das Bewußtsein prägt die Soziabilität oder
    umgekehrt
Und die Psyche bringt uns aufs Schafott

Aber darum wird ja stets verändert und
    wer sagte doch so schön
Vor der eignen Türe kehre jeder, der sich
    engagiert
Nur wer im Wohlstand lebt, lebt ange-
    nehm und ist ein braver Mann
So veränder' ich mich nun so gut ich
    kann:
Ich montier mir jetzt die Nase auf mein
    linkes Schulterblatt
Und mein Herz versteck ich hinterm
    Magen
Meine Ohren finden jetzt am Brustbein
    statt
Meine Beine laß ich dreimal brechen
Bis sie auf den Rücken gehn
Von gewissen Teilen wolln wir hier nicht
    sprechen
Weil das manche falsch verstehn

Aber mein Gesäß versetz ich auf die
    rechte Schulter
Mein Gehirn verfrachte ich ins Knie
Meinen Mund den schaff ich ab
Nur die Augen sprechen noch und die
    sitzen vis-à-vis

Vom Nabel der den Unterkiefer stützt
Währenddes die Leber wiederum die Luft-
    röhre benützt
Um dort auszuruhn, sitzt die Galle in den
    Schuh'n
Respektive mal im linken, mal im rechten
    großen Zeh

Doch das tut der Milz, die jetzt in der
    Lunge lungert
Auch nicht weiter weh
Manchmal hängt die Galle auch am
    kleinen Finger und das tut ihm gut
Manchmal schwimmen schon gepreßte
    Blumen durch mein Blut

Also schreit ich munter voran, daß man's
    kaum für möglich hält
Doch ich lebe noch, sehe, krieche, atme
    noch, schöner wird die Welt
Von Tag zu Tag, ja, sie bessert sich, ich bin
    ganz sicher, frohen Muts,

Ja, sie tuts,
Wenn sich alle Menschen so verändern,
    einer muß den Anfang machen
Unsere Kinder, unsere Enkel, ha'm dann
    endlich Ruh
Schließen wir die Äuglein zu
Spielen Fangen und Verstecken
Und im Himmel Blindekuh

O ihr Satiriker
O ihr Berufsentlarver
o ihr Nonstop-Humanisten
Seid gegrüßt von einem
Der in Eurer Haut steckt.

Aus Wintermärchen Deutschland

Ich bin kein Genie und heiße nicht Heine
Brauch kein Exil in Paris
Weiß wohl daß die Welt nicht sehr heile
Und Deutschland kein Paradies

Bin zufällig Deutscher
Und ein bißchen evangelisch
Begehe behutsam die Welt
Die alte Harmonik im Bauch meiner
    Kindheit
Kann mich nichts schrecken
Neu zu entdecken
Was von uns bleibt
Und was fällt

Frauen, Kinder und Tiere
Erwarten den Abend des Friedens
Den Tag der Versöhnung
Vom Tiefenwahn der Geschichte genesen
Um mit den Jahren
Neu zu erfahren
Was morgen sein wird und was gewesen

Türen des Trostes
Und Türen der Hoffnung
Zu öffnen
Sanft und behende
Die Herkunft im Kopf meiner Kindheit
Uralten Themen
Neu zu entnehmen
Anfang und Ende.

23. »Gesellschaftsabend« im großen Sendesaal des Saarländischen Rundfunks in Saarbrücken mit Ernst Stankowski und der Bernd-Reichow-Jazz-Formation zum 30jährigen Bühnenjubiläum von HDH

Ernst Stankovski

Hanns Dieter,

von Deinem Humor, Deiner Poesie,
Deinem Zorn, Deiner Güte,
Deiner Bescheidenheit und Deiner
 Weisheit
wüßte ich Geschichten…

über Dein redliches Bemühen
sich gegen böswilliges Besserwissen
und gezieltes Mißverstehen zu recht-
 fertigen,
könnte ich berichten…

dann Deine Klarsicht, Deine Ironie,
Deine Selbst- und auch Metier-
 betrachtung,

Dein Kommentar zum Crux des
 Kabaretts, in
Solei mit Kultur…

aber unsere letzte Begegnung
nach dreißig Jahren Wegbegleitens:
Volles Haus in Hamm –
Alles weint und alles lacht…

Dein Wort nach der Vorstellung:
»Man muß den Leuten Hoffnung geben!«
Soviel heute nur.

Herzlich !
Dein Ernst

Willie, das Wildschwein

In all den vielen kleinen Stücken
mit denen Radio und Fernsehn nun schon
   seit Jahren uns aufs unentwegte
Stets neue und immer einfallsreich be-
   glücken
Und immer wieder uns so frank und frisch
   entzücken
Sieht man und hört auf Biegen oder Bücken
Die drolligen Geschichten von Pferden
   oder Hunden:
In all den vielen kleine Stücken
Ist Pferdes Ehr' und Hundetreue erste Tie-
   respflicht
Und immer merkt man gleich: Ein Dichter
   spricht.
Heut hab ich mir 'ne neue Serie ausge-
   dacht:
»Willie, das Wildschwein«, 1. Folge

Auf einer kleinen, aber echten Farm leben
der kleine Ferdie, seine Mutter Glory und
Onkel Tobby. Und mit ihnen, meist auf
dem Sofa liegend, Willie, das Wildschwein.
Willie darf sogar manchmal auf dem Har-
monium spielen, aber nur wenn Onkel
Tobby nicht da ist. Da, eines lustigen Morgens, kommt Georgie, Feries kleiner
Freund, und ruft: Hallo, Ferdie, Ferdie,
komm rasch, komm rasch, Willie hat das
ganze Baumwollfeld zerwühlt!
Da wird Onkel Tobby aber böse, stampft
mit der Harke auf und ruft: Nun bin ichs
aber wirklich leid, nun wird Willie, das
Wildschwein, meistbietend versteigert! Da
hat aber der kleine Ferdie, der sehr an Willie hängt, eine Idee. Er geht bei Nacht und
Nebel mit Willie über die mexikanische
Grenze, aber dort fällt er gleich in gepflegte
Banditenhände, und Willie soll am Spieß
geschmort werden. Da hat aber der kleine
Ferdie wieder eine Idee. Er holt aus einer
Streichholzschachtel Anna, die Ameise,
und dieselbe dreht den Spieß um und sticht
die Banditen überall in die Flucht.

Inzwischen haben sich Onkel Tobby, Mut-
ter Glory und die ganze Nachbarschaft mit
Stangen und Laternen aufgemacht, um die
beiden Ausreißer zu suchen. Alle rufen
immer wieder: Ferdie und Willie, wo seid
ihr. Hallo, Ferdie und Willie, gebt Antwort.
Hier entlang Leute, hier entlang.
Schließlich werden die beiden gefunden.
Sie sind friedlich am Fuße eines großen,
wunderschönen, uralten, amerikanischen
Baumes eingeschlafen. Durch dieses traute
Bild sehr bewegt, verspricht Onkel Tobby,
Willie, das Wildschwein, nicht zu verstei-
gern, und alle geloben es nie wieder zu tun.
Mit Hurra und vielen lustigen Liedern geht
es dann zurück nach Hause, wo Fanny, die
Köchin, schon den Willkommenstisch ge-
deckt hat. Ach, es gibt ja nun so viel zu
erzählen. Aber Ferdie, Willie und Anna, die
Ameise, wissen gar nicht, wo sie anfangen
sollen, so viel haben sie erlebt.
Da ruft Onkel Tobby: Ja, wenn ihr nicht
wißt, wo ihr anfangen sollt, dann wollen
wir mal mit dem Apfelkuchen anfangen.
Ja, ruft Anna, die Ameise, zurück: Dann
wollen wir mal mit dem Apfelkuchen anfangen. Ja, mit dem Apfelkuchen.
Nun, liebe Hörer, Willie ist natürlich ein
amerikanisches Wildschwein, und Anna
ist natürlich eine amerikanische Ameise,
aber, so glaube ich, auch bei uns zulande
läßt sich bestimmt auch ein zwar regional
verschiedenes, aber künstlerisch-wertvol-
les Wildschwein aufgabeln.
In all den vielen kleinen Stücken
Mit denen Radio und Fernsehen nun schon
   seit Jahren uns aufs unentwegte
Stets neu und einfallsreich beglücken
Und immer wieder uns so frank und frisch
   entzücken
Aus allen Ritzen, Witzen, Lücken
Spricht Dichtermund zu uns:
Da erst ist Leben
Wo Mensch und Tier sich Pfötchen geben
Zum Happy-End an allen Futtertrögen.
Na ja, wer's mag, mag's mögen.

Untertitel: Eine poetisch-circensische Collage aus Wort, Musik und Aktion. Kunststücke auf Leben und Tod für Clowns
Vorpremiere: 27. September 1978, Kerstal bei Basel
Premiere: 29. September 1978, National-Galerie Berlin

Weitere Aufführungen in Deutschland und der Schweiz
Ensemble »Sisyphus Circus Bern«: Lorenz Hugener, Beat Hugi, Hanns Dieter Hüsch, Silvia Jost, Erwin Leimbacher
Konzeption: Hanns Dieter Hüsch

Auftragsproduktion für die »Berliner Festwochen 1978«. Realisiert als ein Spaziergang durch die Weltliteratur, der fünf traurige Clowns im »Tollhaus Welt« zeigt. Den Rahmen für die vorgetragenen Werke bilden eigens für diese Produktion geschriebene Hüsch-Texte. Zitiert werden: Alkman, Aragon, Ingeborg Bachmann, Simone de Beauvoir, Thomas Bernhard, die Bibel, Bert Brecht, Ernesto Cardinal, Paul Fleming, Erich Fromm, Allen Ginsberg, J. W. Goethe, Friedrich Hölderlin, Franz Kafka, Klabund, Klemm, Else Lasker-Schüler, Alfred Lichtenstein, Peter Maiwald, Majakowski, Pablo Neruda, Artur Rimbaud, Joachim Ringelnatz, Theodor Storm, Georg Trakl, Jakob van Hoddis, Robert Walser, Walter von der Vogelweide, Walt Whitman. Die musikalischen Zitate stammen aus der Gregorianik, von Errol Garner, Gemini, Pat Metheney, aus Franz Schuberts »Rosamunde« und vor allem von dem amerikanischen Minimalisten Steve Reich.
In Berlin zeigt sich ein Teil des Publikums überfordert, es kommt zum Handgemenge nach der Vorstellung.

Silvia Jost

**»Das Leben ist gar nicht so.
Es ist ganz anders.«
Kurt Tucholsky**

Lieber Hanns Dieter,
als wir uns 1973 in der Kellerbühne St. Gallen kennenlernten, begann unsere gemeinsame »Schweizer Lebensabschnittsgeschichte«: farbig, ungewöhnlich, intensiv, mit allen Höhen und Tiefen, prägend auch für meinen beruflichen Werdegang bis heute.
Ich habe diese kostbare Zeit in meinem Herzen aufbewahrt.
Dieter, Du bist und bleibst für mich ein wunderbarer Mensch voll großer künstlerischer Ausstrahlungskraft. Deine unverwechselbaren Texte begleiten mich oft durch den Tag in guten wie in schweren Zeiten! Ich bin sicher, daß »Hoffnung und Zärtlichkeit«, wie der Titel eines unserer Programme lautete, nach wie vor Deinen Lebensweg bestimmen.
Ich wünsche Dir von ganzem Herzen weiterhin viel Energie und Inspiration.

In tiefer, dankbarer Verbundenheit
Deine

Silvia

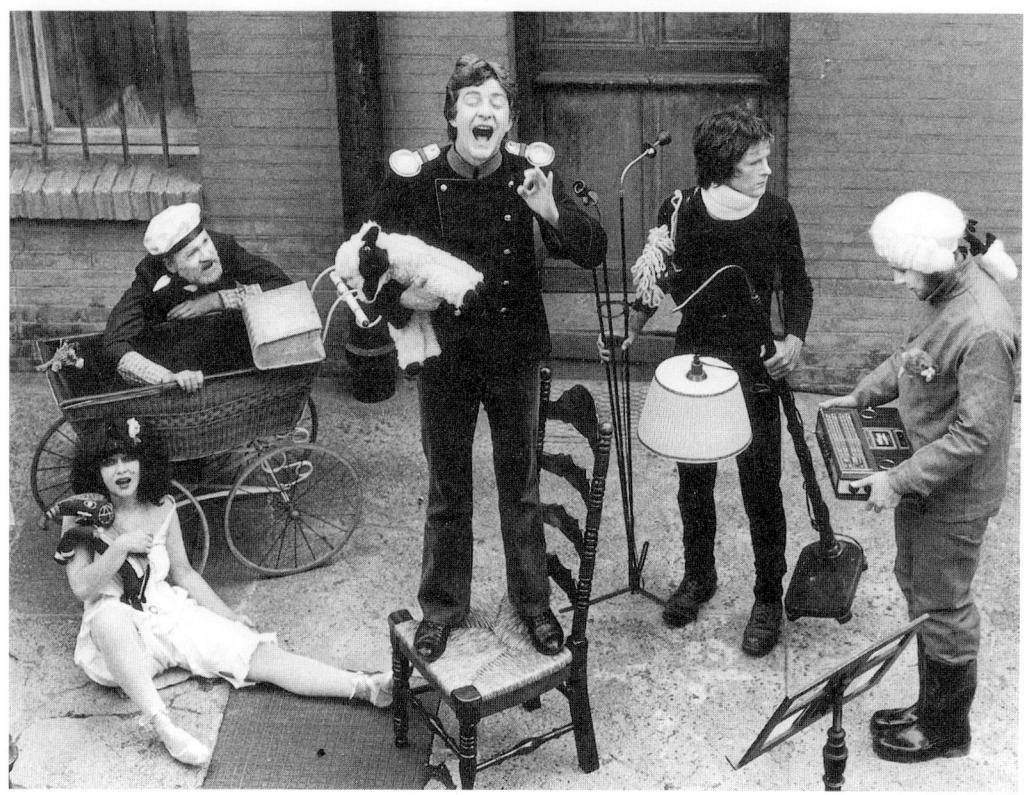

Das »Circus-Sisyphus«-Ensemble mit HDH, Silvia Jost, Erwin Leimbacher, Lorenz Hugener, Beat Hugi

Erst wenn man unseren Leib entdeckt
Im Winter übers Jahr
Es ist in ihm viel Leid versteckt
Und Träume wunderbar
Dann lebt in unserm Angesicht
Die Seele sonderbar
Erst wenn man unseren Leib entdeckt
Wird alles sternenklar.

PREIS AM STIEL

Einzige Aufführung. 22. März 1979, Volkshochschule Marl

Regie: Werner Schretzmeier

Auftragsproduktion des WDR-Fernsehen für das fünfzehnte Marler Fernsehforum als Abendveranstaltung zur Verleihung des Adolf-Grimme-Preises 1978.

Dieter Kürten

Wir stammen beide vom flachen Land,
vom sehr flachen Land, wie Hanns
Dieter fand.

Wir schätzen das Pilsken vom
Niederrhein,
aber nichtsdestotrotz auch Rheinhessen-
Wein.

Im heiligen Mainz, sprich: im unterhaus,
gruben wir Moerser Geschichten aus.

Wir hatten Spaß an demselben
Geratsche,
und dem liebenswert treudoofen Heimat-
Getratsche.

Im Himmel landeten wir und bei Gott –
von Weisenau zurück in den Pott.

»Ein Clown möcht' ich sein«
und »Frieda auf Erden«,
»ein Scherzo verstreu'n«
ohne große Gebärden.

»Weltspiegel – Sonntag zwischen
Sportschau eins/zwei«

Mit Dieter Kürten

»Ich schäm' mich so, ich schäm'
mich so« –
von »Holland und Norderney«.

Ich kannte all seine Nummern im Schlaf
jahrzehntelang Hüsch vornedran –
ich lieb' ihn wie damals und such',
wo ich kann,
vom Niederrhein das schwarze Schaf.

HAGENBUCH UND DIE BIGBAND

Premiere: 26. November 1979, Forum P1 der Universität Mainz
Laufzeit: Bis 1983

Kompositionen und Arrangements: Bernd Reichow
Mit: Jochem Blum, Reinhard Diegel, Manfred Geisert, Gerd Gerwinn, Herbert Ihm, Ralf Kunz-
mann, Gerhard Niemeyer, Norbert Plein, Mario Radas, Bernd Reichow, Hans Staudte
Späterer Programmtitel: »Hagenbuch und die Musik«
Idee/Produktion: Jürgen Kessler

Aus den Pressestimmen:
… Kaskaden des Erzählens von lauter indirekten Zitaten bilden einen der formalen Höhepunkte
in Hüschs Auftritten. Die Geschwätzigkeit des Komplizierten, die Plattheit formulatorischer Über-
kunstfertigkeit hat Hüsch bis zur markerschütternden Komik herausgearbeitet. Sprache, erfunden
zur Verständigung, wird dem Kabarettisten hier immer häufiger zum ohren- und hirnbetäubenden
Wortgeklingel, zu einem Synonym für die Sinnlosigkeit des Seins überhaupt.

Rede vom Leben

Meine Freunde
Das Leben besteht bekanntlich
Aus vielen Abschnitten
Einer der wichtigsten Abschnitte heißt
Kaffee trinken und aufs Klo gehen

Der Ernst des Lebens besteht nun darin
Daß viele sagen
Kaffee trinken und aufs Klo gehen
Das genügt mir nicht
Das scheint uns kein erfülltes Leben
Zu sein
Das nur aus Kaffeetrinken
Und aufs Klo gehn besteht
Also gut dann schlage ich vor
Erwachsenenbildung und dann
Aufs Klo gehen

An dieser Stelle passierte es mir
In der Tiefebene von Ochadua
In der Provinz Wasadenna
Daß einer der beiden ambulanten Schäfer
Mir zurief
Was ist denn mit Kierkegaard
Tja sagte ich Gott
Auch da Kaffeetrinken und aufs Klo gehen

Das Leben ad zwei hat viele
Verschlungene Pfade
Manche Menschen werden schon
Nach drei Tagen
Getauft
Manche lassen sich erst
Mit 91 oder 98 Jahren
Taufen
Weil sie vermutlich eine lebenslängliche
Angst davor behalten
Ihr eigener freier Wille könnte
Nicht echt genug sein
Und es könnte ja immerhin möglich
  sein
Daß der gesamte Denkprozeß
Erst mit 120 Jahren abgeschlossen
Das heißt in sich gerundet sei

Auf der Theresienwiese hatte ich
Mit den 9 römisch katholischen Bauern
Eine längere Unterhaltung darüber
Ob Lodenkleidung zeitlos oder nur
Vorübergehend sei
Ich sagte

Nichts ist zeitlos
Oder vorübergehend
Sondern alles ist zeitlos vorübergehend
Die modischen Trachtenanzüge
Wie sie ja bekanntlich jetzt
Von vielen Herren und Damen
Besonders im Süden
Hochstilisiert getragen werden
Sind ja nichts anderes
Als Selbstbewußtseinsanzüge
Jeder mittlere Vollstreckungsbeamte
In Passau zum Beispiel
Hat dadurch für ein paar Stunden
Das Gefühl
So eine Art
Erzherzog Johann von Klappenbach
Zu Espenlaub
Zu sein
Und
Und das ist das Wichtigste
Das sei ihm gegönnt
Habe ich zu den Bauern gesagt
Das sei ihm gegönnt
Er kann sonst nicht leben

An einem anderen Bild erklärt
Ich habe jetzt Lust auf Humanismus
Heißt nicht mehr und nicht weniger wie
Ich habe jetzt Lust auf Apfelstrudel

Montags sind wir humanistisch
Dienstags wollen wir Apfelstrudel
Und dann Kaffee trinken
Und aufs Klo gehen

Das Leben ad drei
Ist eine schleichende
Krankheit
Von Anfang an

Und alles was wir machen
Machen wir uns vor
Und alles was wir uns vormachen vom
Kartoffelschälen bis zur Kunst
Alles was wir uns vormachen
Ist wichtig
Wir könnten sonst nicht leben

Wir brauchen die Oper
Habe ich den Richtern
In der dänischen Kleinstadt
Goodeswilen
Gesagt
Wir brauchen die Oper
Um den Verfall der Zellen
Einigermaßen in den Griff zu bekommen
Wir brauchen den Walzer
Die Aprikose und die Volkshochschule

Damit wir sprechen können
Wir sprechen zwar alles nach
Und aneinander vorbei
Aber das sei uns gegönnt
Alles was wir reden und denken
Ist Operette
Um die schleichende Krankheit
Leben
Leben zu können

Ich habe diese Rede
Übrigens meinem Freund
Erasmus von Högendorff
Gewidmet
Der vor 312 Jahren
An der Erkenntnis starb
Daß das Leben
Bis zu Ende gelebt werden muß

Der Moderator und sein Redakteur, Karl-Heinz Schmieding, Hauptabteilungsleiter Unterhaltung Wort
vom Saarländischen Rundfunk

Karl-Heinz Schmieding

Lieber Hanns Dieter,
herzlichen Glückwunsch zu Deinen fünf-
zig Bühnenjahren!
Die meisten davon sind zugleich Hörfunk-
jahre – Jahrzehnte, in denen Du ganz ne-
benbei auch Radiokabarett-Geschichte
geschrieben hast. Der öffentlich-rechtliche
Chronist vermerkt dies nicht ohne Genug-
tuung in einer Zeit, in der Comedy, und
was immer sich dafür hält, zur einzig wah-
ren Wortunterhaltungsform hochstilisiert
wird.
Ich bin stolz darauf, Dich und Dein künst-
lerisches Schaffen nun schon seit dreißig
Jahren von »Amts« wegen begleiten zu
dürfen. Und ich freue mich mit Dir dar-
über, daß das Jahr Deines Bühnenju-
biläums zugleich auch das Jubiläumsjahr
einer Sendereihe ist, die Deinen Namen
trägt und für deren langjährigen Erfolg Du
mit Deinem Namen bürgst: »Hanns Dieter
Hüschs Gesellschaftsabend«.
Ich gratuliere Dir im Namen des SR und
besonders auch im Namen des »Gesell-
schaftsabend«-Teams und verbinde damit
unseren Dank für die langjährige hervorra-
gende Zusammenarbeit.
Danke für die heitere Gelassenheit, die Du
auch im größten Probenstreß behältst (es
sei denn, der Toningenieur würde Dir allen
Ernstes zumuten wollen, in ein Mikrofon
zu sprechen, dessen Ständer links statt
rechts neben der Orgel positioniert wäre!).

KLEINKUNSTPHILOSOPHISCHES

Von Hüsch

Wenn man Schweigen aufschreiben und
vertonen könnte, dann würde ich es tun
und eine kleine Fahne des Zweifels gegen
den Wind halten. Aber man soll das mit der
Fahne bei mir nicht so ernst nehmen. Mögen andere ihr Publikum mit stämmigen
Aussagen überschütten, ich versuche es
mit Freundlichkeit, Geduld und Ironie; ich
versuche es. Und Spaß soll die Sache ja
auch noch machen, auch mir. Der Kabarettist, der ohne Kollektiv, ohne Netz, nur mit
seinen eigenen Mitteln versucht, der Wahrheit auf die Spur zu kommen, glaubt und
glaubt nicht, hofft und zweifelt, behauptet
und nimmt zurück, kritisiert und korri-
giert sich, entwirft eine virtuose Beobach-
tungsskala von tiefster Schwerelosigkeit.
Zuletzt verläßt er fast absichtslos und mit
dem Publikum versöhnt die Bühne.

Wer nur an den Mitteln und nicht an den
Menschen arbeiten will, der möge in die
Politik gehen. Wer nur am Menschen und
nicht an den Mitteln arbeiten will, der
möge auf die Kanzel gehen. Menschen und
Mittel gehören zusammen, und an beiden
soll gearbeitet werden, mit Freundlichkeit
und Zweifel, aber nicht ohne Hoffnung.
Wer das will, der möge es mit dem Kabarett
versuchen.

Über Hüsch

...In den Niederrheingeschichten existiert
neben dem borniertenn Kleinbürger und
dem verhinderten Außenseiter noch ein
dritter Typus: der vorsichtige, sich selbst
zurücknehmende, mitfühlende einfache
Mensch, ein Alter ego des Autors Hüsch,
ein positiver Gegenentwurf zu dem intole-

ranten Kleinbürger. In dem humanen, »einfachen« Mann, dem Hüsch seine Botschaften für ein besseres Menschsein in den Mund legt, scheint… die für Hüsch typische Geisteshaltung auf, in der die latent vorhandene Gefahr der Resignation immer wieder durch die Utopie der Möglichkeit einer umfassenden Liebe übertönt wird. Auch in den Niederrheingeschichten entwickelt Hüsch die für ihn typische ethische Konzeption einer humanitären Toleranz, einer Toleranz, welche am ehesten mit dem christlichen Begriff der Nächstenliebe vergleichbar ist.

…Hagenbuch ist der von der Welt und von allen guten Geistern verlassene Intellektuelle, dem in seiner verzweifelten Einsamkeit nichts mehr zusammenpaßt. Der sich aber letztendlich doch nicht anpaßt, aber auch nicht untergeht, der immer noch ein wenig Mut zur Zukunft aufbringt. Hüsch baut gegen den Aberwitz unserer so ordentlich widerspruchslos funktionierenden Welt eine phantastische, unordentliche, anarchistische Gegenwelt auf, in der er, wenn er alles auf den Kopf gestellt hat, das Ersponnene als real und das Reale als verrückt entlarvt.

Hagenbuch wird so im Spannungsfeld zwischen Eigensinn und Unsicherheit zu einer tragikomischen Gestalt, zu einem verzweifelten und streitlustigen Einzelwesen, dessen Sehnsucht nach einem freundlichen, verständigen und liebevollen Umgang der Menschen miteinander Utopie bleibt.

Und was war noch?

Am 20. Oktober 1973 startet der Saarländische Rundfunk die Sendereihe »Gesellschaftsabend von Hanns Dieter Hüsch«; Gäste des ersten Abends sind Walter Hedemann, Joana, Lothar von Versen und das Kai-Rautenberg-Trio. Etwa sechsmal jähr-

lich produziert, präsentiert Hüsch als Gastgeber bis heute bekannte und unbekannte Kleinkünstler und Musiker, immer wieder auch eigene, zumeist frisch geschriebene Texte vortragend.

Von Juli 1975 bis Dezember 1978 gestaltet er zusammen mit Helmut Ruge für den WDR-Hörfunk die Sendereihe »Hammer & Stichel. Ein dialektisch-kabarettistischer Dämmerschuppen«, Produktion: Günther Krotky.

Zwischen 1972 und 1976 ist Hüsch als Synchronsprecher und Off-Moderator in 395 Folgen der ZDF-Serien »Väter der Klamotte«, »Dick und Doof«, »Pat & Patachon« und »Spaß mit Puppen« zu hören und wird dadurch einem breiten, vor allem jungen Publikum bekannt.

Ebenso mit der Rolle des Vaters in der ARD-TV-Familienserie »Der goldene Sonntag«, Idee und Regie: Werner Schretzmeier. Mit Nora Barner, Ingeborg Kanstein, Bengt Oberhof und Magdalena Thora spielt »Vater Hanns Dieter« in jeder Hinsicht Zeitgemäßes: Man spielt die von Ekkes Frank, Karl Hoche, Peter Maiwald und Gerd Wollschon (vor)geschriebenen Szenen nicht mit auswendig gelerntem Text, sondern nach inhaltlich abgestimmten Linien stets sonntags morgens zwischen 11 und 12 Uhr. Die so unter Live-Bedingungen zwischen April 1976 und Dezember 1978 produzierten achtzehn Folgen werden zwar zeitversetzt, aber doch zeitgleich gesendet und folgen dem inhaltlichen Anspruch, im privaten Familienleben mit seinen (Generations-)Konflikten auch Politisches zu erkennen.

Bei der neunteiligen Nachfolgeserie »Die kleine Heimat. Ein bundesdeutsches Familientheater«, Regie ebenfalls Werner Schretzmeier, mit Silvia Jost, Bengt Oberhof, Roland Reber, Mathias Richling, Heidemarie Rohwedder und Susanne Tremper, gesendet ab 9. September 1979, wirkt Hüsch als Darsteller und auch als Autor mit.

Die »Goldener Sonntag«-Fernsehfamilie: Vater HDH, Mutter Ingeborg Kanstein, Kinder: Nora Barner, Bengt Oberhof, Magdalena Thora

Am Staatstheater Darmstadt führt Hüsch bei zwei Produktionen Regie:
»Immanuel Kant« von Thomas Bernhard, Premiere: 7. Februar 1979 und »Unsere kleine Stadt« von Thornton Wilder, Premiere: 3. Juli. 1980.
Im Oktober 1975 veranstaltet eine Züricher Galerie die erste und einzige Vernis-

sage mit Bildern von Hanns Dieter Hüsch unter dem Titel: »story art«. Nach Ablauf der Ausstellung verschwanden Bilder und Galerist auf Nimmerwiedersehen.
Am 23. und 24. Oktober 1975 gastiert Hüsch beim Festival »Steirischer Herbst. Literatur-Avantgarde« in Graz. Auf dem Weg dorthin findet er den berühmten er-

sten Satz: »Hagenbuch hat jetzt zugegeben…« als Einstieg in die formal durch Thomas Bernhards Literatur inspirierte »Hagenbuch-Periode«. Die erste Geschichte entsteht einige Tage später im Saarbrücker »Hotel Meran« (Hagenbuch und die Erziehung), wo in Zimmer 502 ein Foto mit Widmung auf den bis heute treugebliebenen Stammgast hinweist. Weitere Hagenbuch- und zahlreiche andere Geschichten sind in diesem Zimmer entstanden.

Auf Einladung des Deutsch-Niederländischen Freundschaftskreises in Verbindung mit dem Goethe-Institut gastiert Hüsch 1977 eine Woche lang in den größten Universitätsstädten Hollands.

Ende 1979 gibt der Herausgeber, der Hüsch durch weite Strecken der siebziger Jahre auf Fahrten und Gedankengängen begleitete, den Tourneewagen an befreundete Studenten ab: Heino Kleinerüschkamp, Philipp Dienst und Peter Neumann, um sich ganz auf das »Sekretariat Hanns Dieter Hüsch« zu konzentrieren, das nicht mehr von unterwegs aus geführt werden konnte. Peter Neumann bleibt auch nach Beendigung seines Studiums Hüschs Tourneebegleiter.

Ehrungen:

Am 22. Februar 1972 erhält Hüsch den erstmals vergebenen »Deutschen Kleinkunstpreis«, am 23. Juni 1977 die Ehrenbürgerwürde der Johannes Gutenberg-Universität Mainz.

Am 12. Mai 1978 zeichnet ihn die Stadt Mainz für kulturelle Leistungen mit der Gutenberg-Plakette aus.

1980 erhält er den Preis der Deutschen Schallplattenkritik für die LP »Das Lied vom runden Tisch«.

Jockel Fuchs
Der Mainzer Hanns Dieter Hüsch

Als ich Hanns Dieter Hüsch im Jahre 1948 zum ersten Mal im Ersatzrathaus »Am Pulverturm« erlebte, lag Mainz noch in Trümmern. Die Herzen der Menschen schwankten zwischen Hoffnung und Hoffnungslosigkeit, zwischen Optimismus und Pessimismus. Und da stand ein unscheinbarer junger Student der gerade wiedereröffneten Mainzer Universität auf den Brettern und rührte die Herzen der Zuschauer. Hoffnung kam plötzlich auf im kleinen Theater, begleitet von Tränen der Rührung. Hanns Dieter Hüsch hatte die Herzen der Mainzer erobert, was meine Meinung bestätigt: Man muß nicht in Mainz geboren sein, um ein echter Mainzer zu sein. Das optimistische Mainz der fruchtbaren Aufbaujahre kann ich mir ohne Hanns Dieter Hüsch gar nicht vorstellen. Wir lernten uns gegenseitig schätzen, wir begegneten uns richtig menschlich, und irgendwann waren wir per du. Das ist eben Mainz! Ohne seine Kunst wären die Mainzer nicht für unser heutiges »unterhaus« gewonnen worden. Als es schwierige Diskussionen um die Finanzierung einer neuen Bleibe für das »unterhaus« gab, schauten Hanns Dieter und ich uns entschlossen in die Augen: »Das schaffen wir.« Und so war es denn auch. Lieber Hanns Dieter, ich danke Dir für fast 50 schöne Mainzer Jahre – vor, hinter und auf der Bühne.

Überreichung der Gutenberg-Plakette durch den Mainzer Oberbürgermeister Jockel Fuchs im Mai 1978

Beobachtung

Den Freunden gewidmet, den Genossen
   zugeeignet

Selten sah ich auf euren Gesichtern das
   Lächeln des Siegers
Ist euch denn alle Freundlichkeit abhan-
   den gekommen
Seid ihr so sicher daß nur mit fletschen-
   den Zähnen
Die Wahrheit sichtbar gemacht werden
   kann
Und in die letzten Häuser dringt
Nur mit Hammerschlägen und Schreien
Wohl weiß ich daß wir einen Urwald zu
   roden haben
Und ein Steinbruch mit Späßen nicht zu
   erschüttern ist

Die Mörder schneller sind als die Spötter
Und wenn wir uns umdrehn niemand
   mehr hinter uns ist
Auch versteh ich die Wut die uns eint
Doch man sieht euch nicht an daß wir
   siegen werden
Denn selten sah ich auf euren Gesichtern
   ein Lächeln
Das Lächeln des Siegers
Trotz aller Anstrengung
Den freundlichen Blick des sicheren
   Siegers
Von jenem Lande wissend in dem es keine
   Besiegten mehr gibt
Wissend und zweifelnd
Handelnd und lächelnd.

Oder seid ihr gar
nicht so sicher?

Poet der kritischen Phantasie
Prediger mit der Narrenkappe
Einsamer Prediger und weltoffener Tramp
Lyrischer Phantast
Aggressiver Pazifist
Philosophe ironique
Dichtender Prediger, der auch Zweifler ist
Verträumter Poet und Musikus an der
  Miniorgel
Begeisterter Pessimist
Zungenflinker Parforcereiter der Satire
Philosoph auf dem Nudelbrett
Poet des scheinbar Banalen
Privatier der Bretter
Poetischer Polit-Satiriker
Prophet in der Maske des Dichters

Poet mit brechtschem Zungenschlag
Philosoph im Narrenrock
Unkatalogisierbares Phänomen
Weltläufige Plaudertasche
Privat-Sozialist

Quasselclown mit gülden blitzender
Rassel
Moderner Don Quichote
Menschenkluger Quatschkopf
Sprachgewandter Querdenker

Rufer in der Wüste
Relikt der Hippie-Generation
Skeptischer Realist
Rasender Roland des Alltags
Fundamentalistischer Relativierer
Gestandener Recke des deutschen
   Kabaretts
Fünftes Rad am Karren der Kleinkünstler
Routinier der Pointe
Ratterschnauze
Reisender in Sachen Gesellschaftskritik
Skurril versponnener Räsoneur
Romantiker in Brecht-Manier
Rede-Genie

Der Fall Hagenbuch mit Manfred Geisert und Bernd Reichow

Satiriker im Dienste der Menschlichkeit
Sokrates im Sonnenstuhl
Sprach- und Vortragskünstler zwischen
   Kanzel und Brettl
Männliche Scheherazade vom
   Niederrhein
Spaßmacher mit Trauerflor
Sprachjongleur

Sprachästhet mit Revolutionsappeal
Hintergründig philosophierender Spötter
Letzter Schelm unter Deutschlands
   Kabarettisten
Sprach-Rastelli
Grauer Steppenwolf an der Orgel
Schamane vom Niederrhein
Sprechsalvenproduzent

Sonntagskind der zehnten Muse
Weiser Spötter aus dem Mainzerischen
Solitär und Rumpelstilz unter den
   Kleinkünstlern
Subtiles Sprachgenie
Männliche Gisela Schlüter mit tieferer
   Bedeutung
Solist des tiefgründigen Humors
Ironischer Spinner

Temperamentvoller Sisyphus
Spottdrossel voller verstiegener
   Philosophien
Seismograph im Auf und Ab unserer Zeit
Staccato-Märchenerzähler mit einem Faible
   für den alltäglichen Irrwitz
Schalk und Prophet zugleich
Shakespeare unter den bundesdeutschen
   Kabarettisten

Troubadour der Menschenliebe
Thekenphilosoph
Thaddäus Troll des Niederrheins
Tüftler im feinsinnigen Sprachgebrauch
Träumer vom geänderten, gebesserten
   Menschen
Tacitus vom Niederrhein

Dirk Bach, Herbert Bonewitz, Konstantin Wecker

Max Schautzer, Die Machtwächter, Chris Rasche-Hüsch

Jürgen Kessler, Dieter Hallervorden

Reinhard Hippen, Dieter Hildebrandt

Pello, Carl-Friedrich Krüger, Gisela May, Mathias Richling, Artur Bergk, Richard Rogler, Renate Fritz-Schillo

Elke Heidenreich

V.

Den Haß aus der Welt zu vertreiben
Ihn immer neu zu beschreiben
Damit wir bereit sind zu lernen
Daß Macht und Gewalt Rache und Sieg
Nichts andres bedeuten als ewiger Krieg
Auf Erden und dann auf den Sternen

DAS NEUE PROGRAMM

Premiere: 3. Dezember 1980, unterhaus
Laufzeit: Bis November 1984

Erstmals seit »Enthauptungen« arbeitet Hüsch in einem regulären Kabarettprogramm wieder mit einem »richtigen« Bühnenbild und Kostüm: Er tritt auf in einem Mantel, den er ablegt, um dann in dunklem Abendanzug und weißem Hemd mit Smokingfliege an der in eine gedeckte lange Festtafel (mit Kerzenleuchter, Rotwein, Gläsern und einem Metronom) verwandelten Orgel Platz zu nehmen. In dieser Form präsentiert er sein drittes »großes« politisches Programm, das die jeweiligen Qualitäten der »Carmina Urana« und der »Schönen Gesellschaft« in sich vereint: »Das neue Programm« ist sowohl eindringliche Warnung wie persönliche Bestandsaufnahme der gesellschaftlich-politischen Situation auf hohem sprachlich-literarischen Niveau. Im Gesamteindruck fast düster-resignativ, getragen von tiefem Ernst, in den sich skurrile Späße mischen, spricht aus den Texten die verzweifelte Hoffnung auf den Menschen: Beim Verlassen der Bühne beginnt das Metronom zu ticken. In diesem Programm bietet Hüsch alle ihm zur Verfügung stehenden »Töne« auf. Engagiert-politische, lyrisch-niederrheinische und melancholisch-poetische Texte und Lieder wechseln in festgelegter Reihenfolge ab. Zentrale Themen sind die Sorge um den Frieden angesichts der aktuellen Nachrüstungsdebatte und die Warnung vor der Gefahr eines neuen Faschismus, vor Intoleranz, Wettrüsten und fortschreitender Umweltzerstörung. Erstmals trägt Hüsch den Sprechgesang »Das Phänomen« vor, mit dem er später die meisten seiner öffentlichen Veranstaltungen beschließen wird.
Mit diesem Programm gastiert Hüsch von Aachen bis Zürich, von Bozen bis Warschau. Eine Einladung des Heinrich-Heine-Maison führt ihn zu einem Gastspiel ins Grand Théâtre de la Cité Internationale Universitaire de Paris. Die von Elmar Tophoven, dem in Paris lebenden, zum geachteten Übersetzer, insbesondere der Werke Samuel Becketts und Eugène Ionescos, avancierten Freund aus ToLLeranten-Zeiten, ins Französische übertragenen Texte wurden an die Wand projiziert, und Hüsch sprach zur Erleichterung des Verständnisses der rund 550 Besucher, zumeist Germanistikstudenten, manchmal sogar langsamer als üblich…

Litfaßsäulen-Werbung am Ku'damm und in der Tauentzienstraße für die Berlin-Gastspiele 1981

Meine Interessen

Mich interessieren eure Köpfe und euer
　Gedankengut
Was ihr am Morgen versäumt und am
　Nachmittag tut
Mich interessiert bei den Jungen
　besonders ein schwarzes Schaf
Und bei den Mädchen die knospenden
　Augen nach kurzem Schlaf

Mich interessieren die sterbenden Bäume
　am Wegesrand
Mich interessieren die Worte von
　Träumern auf grauer Wand
Mich interessieren die Lieder der Alten
　aus klassischer Zeit
Und meine schweigsamen Freunde nach
　heftigem Streit

Mich interessieren eure Küchen und wie
　ihr die Teller spült
Wie ihr bei Suppe und Brot den Gang der
　Geschichte fühlt
Mich interessiert wenn ihr haushoch
　verliert und geschlagen seid
Was ihr dann denkt und zu welchem
　Schritt ihr dann bereit

Mich interessieren die schaukelnden
　Schiffe auf unserem Strom
Und die gebeugten Geschöpfe beim Beten
　in unserem Dom
Mich interessiert ob der Heilige Geist sich
　der Menschheit erbarmt
Und dafür singt daß die Menschheit sich
　plötzlich umarmt

Mich interessieren die Menschen die
　langsam zum Bahnhof gehn
Beim Abschied sich küssen und wissen
　daß sie sich nicht wiedersehn
All diese Menschen halten sich immer an
　Menschen fest
All diese Abende mit dem gefährlichen
　Tagesrest

Darum, ihr Sterblichen, dank ich euch,
　daß ihr gekommen seid
Mich zu ermutigen weiterzumachen in
　grausamer Zeit
Mich interessiert eure Heiterkeit, ob ihr
　schon weiter seid
Weiter als ich
Das interessiert mich, das interessiert
　mich
Wahnsinnig.

Leichtes Land

Es kommt viel Trauer auf dich zu mein
   Kind
Mit der Zeit und mit dem Tod und mit
   dem Wind
Du willst es jetzt zwar noch nicht glauben
Laß dir von mir den Mut nicht rauben
Doch kommt viel Trauer auf dich zu
   mein Kind

Es kommt viel Zweifel auf dich zu mein
   Kind
Wir Menschen sind nicht wie wir gerne
   sind
Ich seh dich hilflos balancieren
Mal aufrecht mal auf allen vieren
Es kommt Zweifel auf dich zu mein Kind

Doch kommt auch Freundschaft auf dich
   zu mein Kind
Und wenn der Handel mit dem Feind
   beginnt
Wirst du an vielem dich erfreuen
Am Mut der Alten für die Neuen
Es kommt Freundschaft auf dich zu
   mein Kind

Dann kommt Erkenntnis auf dich zu mein
   Kind

Mit dem Kummer und die Seele macht
   dich blind
Und kein Mensch will dich verstehen
Geh hindurch und du wirst sehen
Es kommt Erkenntnis auf dich zu mein
   Kind

Es kommt auch Hoffnung auf dich zu
   mein Kind
Sieh die Spinne wie sie ihr Zuhause spinnt
Du darfst ruhig mal verlieren
Aber dann nicht resignieren
Es kommt Hoffnung auf dich zu mein
   Kind

Und kommt das Ende auf dich zu mein
   Kind
Du wirst kleiner und dein Leib zerrinnt
Mach deinen Glauben nicht zunichte
Dein Kampf ist auch ein Stück
   Geschichte
Es kommt das Ende auf dich zu mein Kind

Warum ich dieses Lied für dich erfand
Noch halte ich dich fest an meiner Hand
Du weißt noch nichts vom großen ganzen
Mußt aber mit den Menschen tanzen
Und wir liegen dann schon lang im
   schwarzen Sand
Und schau'n dir zu aus einem leichten
   Land.

In unserer Behausung

In unserer Behausung
Findest Du keine Kostbarkeit
Niemand stellte von ferner Reise
   kommend
Eine fremde Gottheit auf
Christopher wollte uns aus Casablanca
Einen Teppich herüberschmuggeln
Franziskus schlug uns für den Garten
Einen römischen Brunnen vor
Wir winkten ab

Monatelang sitzen wir in der Küche
Und sehen uns satt
Am täglichen Kram

Lachen und weinen
Essen und sterben
Wohl weil uns Frauen
Mit schwarzem Kopftuch
Zwischen den Knien die klapprige
   Kaffeemühle
Aber von innigem Geblüt
Und saftiger Wärme
Durch Tage und Nächte schleppten

Daran mags liegen
Daß wir Fahnen nicht mögen
Und uns auf keine Kostbarkeit
   Verlassen.

Letzte Stätte

Wir fallen durch die blaue Frühe
Wir straucheln durch die Städte
Die Tiere in der Sonnenbrühe
Tot auf der Autobahn
Als wenn sie Gott verlassen hätte

Wir rasen durch die Republik
Die Realisten rüsten um die Wette
Die jungen Dichter werden ausgelacht
Um ihre Phantasie gebracht
Als wenn sie Gott verlassen hätte

Dann liegt mein Herz in deinem Garten
Dort wo die graue Grise Schutz und
    Schatten sucht
Und wo der dicke Kaspar auf die Blumen
    pinkelt
Dort liegt mein Herz und singt und flucht
Flucht über Leid und Obrigkeit
Und singt von Hoffnung und von
    Zärtlichkeit

Wenn ich am Morgen kalt die Nacht
    zerschneide
Versuche aufrecht durch die Welt zu gehn
Im Hirn die alte Schädelstätte
Und Ohmacht zieht durch mein Gemüt
Als wenn mich Gott verlassen hätte
Dann hoff ich auf die jungen Dichter

Die unterm Dach in Dörfern träumen
Und eines Tags in Städte springen
Mit grünen Sätzen und mit blauen Blitzen
Als würde Gott auf ihren Schultern sitzen
Und mit den Jungen neue Lieder singen

Dann liegt mein Herz in deinem Garten
Dort wo die graue Grise Schutz und
    Schatten sucht
Und wo der dicke Kaspar auf die Blumen
    pinkelt
Dort liegt mein Herz und singt und flucht
Flucht über Leid und Obrigkeit
Und singt von Hoffnung und von
    Zärtlichkeit

Wenn ich gewesen bin
Dann laßt mein Herz dort liegen
Laßt meinen krummen Körper in die
    Lüfte fliegen
Zum Wiedersehen mit Toller und Klabund
Doch laßt mein Herz in deinem Garten
    liegen
Und wo auch immer ich mich rumgetrie-
    ben hab
Macht mir im alten Mainz ein einfach
    Grab
Damit ich mit euch spür in ferner Zeit
Den Sieg von Hoffnung und von
    Zärtlichkeit.

PREUSSEN OHNE OBEN/OBEN OHNE

Untertitel: Eine Rede mit Musik
Einzige Aufführung: 2. September 1981, Tempodrom, Berlin
Auftaktveranstaltung der 31. Berliner Festwochen

Textmelange zum Thema »Preußische Erziehung«. Als Kostüm verwendet Hüsch Zweispitz und
Clownsnase.

Dieter Hildebrandt
Hüsch

Da weiß man, wer in der Stadt ist. Das ist eben der Hüsch. Da geht man hin oder nicht. Wer es liebt, beiläufig, unprätentiös und locker das Alte und das Neue Testament, Nietzsche, Benn, Benjamin, Marx, seine Tante, die neue Weltordnung und die alte am Niederrhein erklärt, durcheinandergebracht, mit Fragezeichen durchschossen und mit scheinheiligem Blick wieder ins Kästchen gelegt zu bekommen, liebt Hüsch und geht hin. Ich gehe hin, und manchmal kommt er auch dorthin, wo ich gerade bin. Da bin ich ziemlich stolz darauf.

Der immer tätige, schreibende, spielende, orgelnde, reisende Hanns Dieter ist der Vormann derer, die ständig ein schlechtes Gewissen haben. Wie das? Heute nichts geschrieben, keine Vorstellung?

Hüsch! Schlimme Vorstellung. Wie durch ein Wunder habe ich an einem Freitag keine, und um halb zehn geht das Telefon: »Herr Hüsch, wo bleiben Sie denn!« Menschmannhannsdieter. Wir haben beide so viele runde Geburtstage zusammen gefeiert. Wir haben uns lauter feines Zeug gesagt. Du hast meine hundertste Sendung mit meinem siebzigsten Geburtstag verwechselt, nein, umgekehrt, ich habe behauptet, Du würdest 100, weil anders nicht zu erklären wäre, weshalb Du schon überall aufgetreten bist.

Dann hast Du wieder gesagt, es wäre doch beachtenswert, wie zäh so ein alter Saurier an seinen alten Moralvorstellungen kleben kann. Sehr alt dürfen wir nicht mehr werden, sonst fangen wir an, uns zu wiederholen.

Laß Dir eins noch über den Zaun werfen: Auf Dich freue ich mich immer, wenn es gilt, unsere beste gemeinsame Nummer zu spielen: Zwei verhuschte alte Herren, die so tun, als hätten sie alles gelesen und nichts begriffen.

Bis zum nächsten Mal!

»Niederrheinisch essen« mit Dieter Hildebrandt beim »Scheibenwischer«

Untertitel: Deutsche Geschichte in 90 Minuten
Premiere/Laufzeit: 16. Dezember 1981, unterhaus

Bühnenbild: Fee Fleck

Ein nur in Mainz gespieltes Sonderprogramm, das in Form einer Assoziationscollage die älteren und neueren, »historische« Figuren und Ereignisse behandelnden Texte in sich vereint. In verschiedene Rollen schlüpfend, präsentiert Hüsch sein traditionelles Mainzer Weihnachtsprogramm als poetischen Geschichtsunterricht ganz eigener Art, zu dem auch der ernsthafte Vortrag des Weihnachtsevangeliums gehört. Die Bühne wurde zur Gänze mit weißer Fallschirmseide ausgelegt.
Leider gilt dieses Bühnenbild als »vermißt«.

Geschichte

Zwei Bauern
Drei Mägde
Ein Reiter am Horizont
Ein Kirchturm im Nebel
Ein Bote aus Wien
Vier Herren in Seide
Zwei Städte am Fluß
Ein Atlas aus Pergament
Ein Baum der die Nachricht kennt

Drei Wagen
Sechs Pferde
Der Mond und der Sündenfall
Himmel und Erde
Und Tauben im Weltenall:

Und dann die Gebiete
Südlich von Rom
Und dann die Gebiete
Westlich des Rheins
Ein Mönch und ein Kaiser
Ein Dorf und ein Dom
Gründung auf Gründung
Palermo und Mainz

Die Wälder in Flammen
Hügel und Heide
Schmelzen zusammen
Leiden und Freude
Ein Hund und zehn Katzen
Und sieben Gehöfte
Ein Helm und ein Schädel
Ein Schiff wird gefunden

Ein Tuch wird gesponnen
Ein Buch wird geschrieben
Ein Spiel wird gewonnen
Ein Volk wird vertrieben
Ein Kind aus Apulien
Fährt nach Jerusalem:

Dann Kreuzzug auf Kreuzzug
Der Papst läßt marschieren
Säufer und Sänger
Pilger und Planer
Franz von Assisi
Spricht mit den Tieren
Zisterzienser
Und Dominikaner

Die Taube im Norden
Der Falke im Süden
Alles verschieden
Alles verschieden

Der Acker im Frühjahr
Die Wölfe im Winter
Die Wolken zerrinnen
Zwei Humanisten
Ein Boot auf dem Fluß
Verliert sich im Dunkel
Alles verliert sich
Im Dunkel des Todes:

Auch die Gebiete
Südlich von Rom
Und auch die Gebiete
Westlich des Rheins
Ein Mönch und ein Kaiser
Ein Dorf und ein Dom
Gründung auf Gründung
Palermo und Mainz.

An Rudi Dutschke

Ich hab ihn nicht gekannt
Hab nur von ihm gehört
Nun liegt er tief im Sand
und hat mich aufgestört

Geduld kommt durch die Tür
Und freundlich wird man dann
Dies danken ich und wir
Dem umgebrachten Mann

Und wenn ich manchmal mein'
Daß man nichts ändern kann
Und Kraft und Mut sind klein
Denk' ich an diesen Mann

Der tief im Sand jetzt liegt
Den Leib schon bald vertan
Und doch am Ende siegt
Ich glaube fest daran

Und ist das Ziel auch weit
Nur kurz das bißchen Leben
Es gilt für jede Zeit
Daß wir ein Beispiel geben

Wenn man was ändern will
Damit man's ändern kann
Sehr tapfer und sehr still
Dann denkt an diesen Mann

Von dem man liest und lernt
Und vielen weitergibt
Verzweiflung sich entfernt
Und Hoffnung wird geübt

Nehmt euch ein Beispiel dran!

WIE AUS HEITEREM HIMMEL

Premiere: 4. Januar 1983, unterhaus
Laufzeit: Bis November 1984

Heiter-philosophisches Nummernprogramm mit nachdenklichen Zwischentönen, in dessen Mittelpunkt die humanistisch-theologisch fundierte Besinnung auf den »menschlichen« Menschen steht. Hüsch präsentiert all seine Kunstfiguren: Frieda, Hagenbuch, Ditz Atrops, den niederrheinischen Peer Gynt, Johannes Kleinheisterkamp und Konsorten.

Feiertage

Mutter ist nervös
Vater ist nervös
Kind ist nervös
Oma ist nervös

Oma ist gekommen
Um Mutter zu helfen
Vater hat gesagt
Sei nicht nötig gewesen

Kind steht im Weg
Mutter steht im Weg
Oma steht im Weg
Vater steht im Weg

Alle ham geschafft
Mit allerletzter Kraft

Vater hat gebadet
Mutter hat gebadet
Kind hat gebadet
Oma hat gebadet

Alle ham gepackt
Und alle sind gerannt
Und schließlich hat
Der Baum gebrannt

Mutter ist gerührt
Vater ist gerührt
Kind ist gerührt
Oma ist gerührt

Und dann werden
Die Pakete aufgeschnürt

Mutter ist gekränkt
Vater ist gekränkt
Kind ist gekränkt
Oma ist gekränkt

Denn jeder hat dem anderen
Was Falsches geschenkt

Schwiegertochter kommt
Patentante kommt
Lieblingsbruder kommt
Großneffe kommt

Kuchen ist zu süß
Plätzchen sind zu süß
Marzipan zu süß
Und der Baum ist mies

Mutter ist beleidigt
Vater ist beleidigt
Kind ist beleidigt
Oma ist beleidigt

Frieden auf Erden
Und den Menschen ein Unbehagen

Vater hats am Magen
Mutter hats am Magen
Kind hats am Magen
Oma hats am Magen

Kann nichts mehr vertragen
Nach all diesen Tagen

Mutter ist allein
Vater ist allein
Kind ist allein
Oma ist allein
Alle sind allein

Doch an Ostern
wollen alle
In jedem Falle
wieder zusammensein.

HOMO SAPIENS HÜSCH
Weiß nix. Kann aber alles erklären.

Das schwarze
Schaf

Macbeth
oder
das Drama
mit dem
langen
Pullover.

Also Natur
zum Beispiel.
Kann schön sein.
Muß
aber nicht.

Am Niederrhein
sacht man ja „Klon".
Dat is aber nix mit
Genetik.
Dat is Zirkus.

Hedwich,
Hedpich.

Heinrich
van Asterlagen-
wie aus dem
Ei gepellt.

Johannes
Kleinheisterkamp
möchte
unauffindbar
sein.

Schlottmann,
bei dem die Silberhochzeit
war.

Onkel Hein mit Ulstermantel
und Kalabreser beim Anhalten
der Straßenbahn.

Hinter- gedanken

Ditz Atrops-
sturzbesoffen,
aber kerzen-
gerade.

Hagenbuch leugnet, je
etwas zugegeben zu haben.

Das Schwere leicht gesagt.

Jürgen Paulsen '97

133

Edith Bussmann
Hüsch in Bern

»Denen, die sich jetzt entzwei sehen, empfehle ich 1 Korinther 13.«

So endete das Programm »Enthauptungen«, eines der ersten, das ich 1971 – im Auftrag vom Schweizer Radio DRS – von und mit Hanns Dieter Hüsch in der »Rampe« in Bern aufzeichnete.

Und damit begann eine wunderbare Zusammenarbeit, die viele Jahre dauerte, und eine Freundschaft, die weit über die beruflichen Interessen hinausging.

Zu jener Zeit – als Hüsch vor deutschen Ideologen und Ideologien ins Ausland flüchtete – war er ein häufiger und vielgeliebter Gast in Bern, damals eine Stadt für die Kleinkunst. Es gab an die zwanzig Klein- und Kellertheater. Auch die legendäre »Rampe« in der Kramgasse, im Herzen der Altstadt gelegen, gehörte dazu. Eine steile Treppe führte hinunter in ein kleines, urgemütliches Kellergewölbe. Unbequem war dieses Kleintheater, hatte aber Stil und Atmosphäre.

Hüsch liebte und lebte sechs Jahre in Bern. Er schätzte vieles an der Hauptstadt der Schweiz: die kleinen und großen Gassen, die zahlreichen Altstadt-Beizen, in denen man – der Polizeistunde zum Trotz – bis in die Morgenstunden feiern konnte, das treue und begeisterungsfähige Publikum, liebgewonnene Freunde, die ihm und dem »Pflümli«, einem weißgebrannten Pflaumenschnaps, huldigten.

Dann begann in Bern das Kleintheatersterben. Die »Rampe« wurde geschlossen. Hüsch verlor seine Spielstätte, und die Berner vermißten »ihren« Hüsch. Ein Grund für mich, 1978 die Veranstaltungs- und Sendereihe »Treffpunkt Studio Bern« zu initiieren. Hanns Dieter Hüsch führte durch die Abende, begeisterte das Publikum mit vielen neuen Beiträgen und begrüßte prominente und weniger bekannte Künstler aus der Kabarett- und Liedermacherszene.

Und alle kamen – dreizehn Jahre lang: das Publikum von weit her, die Künstler aus dem In- und Ausland, und die Hörerinnen und Hörer vom Schweizer Radio DRS notierten sich die Daten der nächsten Sendungen.

Wenn ich jetzt zurückdenke und Hanns Dieter voller Dankbarkeit und Verehrung zu seinen 50 Jahren Bühnenpräsenz gratuliere, so stelle ich voller Bewunderung fest, er ist – wahrlich, ich sage euch – in all den Jahren und in allen Programmen seinem Korinther-Spruch treu geblieben:

»Wenn ich mit Menschen- und mit Engelszungen redete und hätte der Liebe nicht, so wäre ich ein tönend Erz oder eine klingende Schelle.«

LIEDER OHNE MUSIK

Premiere: Frühjahr 1983, Die Rampe, Bern
Laufzeit: Bis Ende 1983

Zusammen mit: Franz Hohler

Mit Ausnahme einer Woche im »unterhaus« (24.–28. Mai 1983) nur in der Schweiz aufgeführtes »echtes« Duo-Programm. Quasi ein Gipfeltreffen der beiden führenden poetisch-literarischen Kabarettisten Deutschlands und der Schweiz, agieren Hohler und Hüsch als »Ziffel und Kalle unserer Tage« nicht unabhängig voneinander, sondern in Form eines Dialogs mit zum Teil eigens geschriebenen heiter-ironischen Texten. Für dieses Programm verzichteten beide auf ihre Instrumente, Cello und Orgel.

134

Hagenbuch und seine Bless-Hohenstein-Kapelle

DER FALL HAGENBUCH

Premiere: 20. 3 1983, Stadthalle Bonn-Bad Godesberg
Laufzeit: Bis November 1985

Musik: Bernd Reichow
Ensemble: Jochen Blum, Reinhard Diegel, Paolo Fornara, Manfred Geisert, Gerd Gerwinn, Fritz Heieck, Ralf Kunzmann, Norbert Plein, Bernd Reichow, Lars Reichow, Gerd Schimanowsky, Stefan Scriba, Martin Wollweber
Inszenierung: Hanns Dieter Hüsch, Jürgen Kessler
Produktion: Jürgen Kessler

Zum Kultprogramm avancierte Abschlußproduktion für die Kunstfigur »Hagenbuch«. Ein aus Hagenbuch-Geschichten und stilistisch verwandten Texten geformtes musikalisch-literarisches Theaterstück. In der Anstalt Bless-Hohenstein spielend, gewinnt der von Hüsch verkörperte Hagenbuch faszinierende Anschaulichkeit. Hüsch und die Musiker agieren kostümiert als Anstaltsinsassen: als Ärzte, Pfleger und Patienten. Gastspiele von Hamburg bis Stuttgart, München (ZDF-Aufzeichnung) bis Berlin in großen, zumeist ausverkauften Sälen folgen. In Wien wurde vom 9. bis 19. Januar 1984 eine »Hanns-Dieter-Hüsch-Woche« mit mehreren seiner Programme veranstaltet, an den beiden letzten Abenden »Der Fall Hagenbuch«.

135

Der Fall Hagenbuch

Ein Sonderprogramm

Ort der Handlung: Bless-Hohenstein
Anstalt für Kopfgeschichten

HAGENBUCH, Kopfgeschichtenerfinder.......... Hanns Dieter Hüsch
DIE BLESS-HOHENSTEIN KAPELLE...... Bernd Reichow Sinfonic Jazz Ensemble
WOLGENSINGER, Ganzheitshistoriker.......... Ralf „Shorty" Kunzmann, tp1
TERPENTINEN, Ganzheitsdichter...... Martin Wollweber, tp2
FUGGER, Beleger.......... Stefan Scriba tp3
FÖRSTERLING, Chirurg...... Reinhard Diegel, as, fl
KASTNER, Erzieher.......... Gerd Germünn, tb1
KRINGEL, Orthopäde...... Lars Reichow, tb2
WIESENDANGER, Genießer...... Norbert Plein, tb3
KRETSCHMER, Milchkannenträger...... Gerd Schirmanowsky, b
TRÖSTER, Bläser...... Manfred Geisert, per
PRAGER, Milchkannenträger...... Jochen Blum, ds
PROF. EDUARD VON BLEIBERG, Anstaltsleiter...... Bernd Reichow, p

TEIL 1: Geschichten und Musik
Pause
TEIL 2: Musik und Geschichten

Texte: H.D. Hüsch
Musik und Arrangements: B. Reichow

Auf dem Rückweg scheitert der Versuch, Thomas Bernhard in seinem oberösterreichischen Vier-
kanthof zu besuchen, an eisglatten Straßenverhältnissen in Olsdorf.

Hüschs wendbarer Bühnenmantel, ursprünglich das Kostüm des Narren aus der Darmstädter
Shakespeare-Produktion, wird leider nicht den als »Hagenbuch-Mantel« zugedachten Ehren-
platz im geplanten Deutschen Kleinkunstmuseum einnehmen können: Er fiel in seinem Zwi-
schenlager, dem Keller des Hauses von Tochter Anna, einem Wasserrohrbruch zum Opfer. Typisch Hagenbuch.

Übers Glatteis beim Versuch, Thomas Bernhard zu besuchen

Hagenbuch

Hat jetzt zugegeben
So Prager und Kretzschmer heute
Daß er
Hagenbuch
Gleich nach seiner Ankunft
In der Anstalt Bless-Hohenstein
Ohne die Voranmeldung abzuwarten
So Prager und Kretzschmer heute
Daß er
Hagenbuch
Gleich zum obersten Leiter der Anstalt

Dem sehr ehrenwerten Professor Eduard
   von Bleiberg
Geeilt
Um dem sehr ehrenwerten Professor
Mitzuteilen
Daß mit Verlaub Herr Professor
Die Welt aus einem völlig falschen
   Verständnis heraus
Geschaffen worden sei
Und deshalb sei er
Hagenbuch
Jetzt hier

Und der oberste Leiter der Anstalt
Habe ihn
Hagenbuch
Lange und freundlich angesehn
Etwa 60 Sekunden
Und dann erst gesagt
Mein lieber Herr Hagenbuch
So Prager und Kretzschmer heute
Mein Lieber Herr Hagenbuch
Zunächst wollen wir zwei uns
    ganz langsam setzen
Und dann ganz langsam einen Apfeltee zu
    uns nehmen
Und wir wollen uns dann
Vorsichtig einander vorstellen
Und ganz langsam uns immer näher
    kennenlernen
Bis wir unsere Vermutung bestätigt
    wissen
Daß wir
Mein lieber Herr Hagenbuch
Sicherlich mehrere Wochen in unserer
    Anstalt
Werden verbleiben müssen
Bis wir dann ganz langsam die Gewißheit
    haben
Daß ihre Befürchtung
Die Welt sei aus einem völlig falschen
    Verständnis heraus
Geschaffen worden
Unsere Befürchtung
Mein lieber Herr Hagenbuch
Unsere Befürchtung nicht länger zu sein
    braucht
Und wir ganz langsam wieder
Vögel für Vögel halten
Wälder für Wälder
Wasser für Wasser
Und Menschen für Menschen

So und nicht anders
Mein lieber Herr Hagenbuch
Soll es uns eines Tages genügen
Und unsere Schwester Frau Klytemnästra
Wird Ihnen nun Ihre Habe
Aufs Zimmer tragen

In dem Sie
Mein lieber Herr Hagenbuch
In dem Sie am Fenster sitzen
Und die Milchkannenträger Prager und
    Kretzschmer
Von Haus Geistesnot
Und unseren lieben Gärtner Ferdinand XII
Beobachten können

Heinz der Chauffeur
Wird Sie dann zu gegebener Zeit
Wieder in Ihre Behausung fahren
Wenn wir
Mein lieber Herr Hagenbuch
Bestätigen können
Daß ihre Stabilität
Als eine uns passende vorkommt
Und wir ganz langsam ein Mitglied
Aus Ihnen entwickeln
Nämlich
Harmonisch und harmlos

Und Hagenbuch
So Prager und Kretzschmer heute
Sei auf sein Zimmer gegangen
Habe das Fenster geöffnet
Und sofort nach den Milchkannenträgern
    Prager und Kretzschmer
Gerufen
So Prager und Kretzschmer heute
Und beide
Wären in ihren graublauen Drillich-
    kleidern
Gerade mit ihren Milchkannen
Zur Stelle gewesen
Und hätten sich vorgestellt
Prager und Kretzschmer
Milchkannenträger
Zur Zeit in Haus Geistesnot
Und Hagenbuch habe sich vorgestellt
Hagenbuch
Zur Zeit Fenstersitzer
Und daß er befürchte und glaube
Und wisse und zweifle
Daß diese Welt aus einem völlig falschen
    Verständnis heraus

Geschaffen worden sei
Aber niemand ihm glaube
Und er sich selbst nicht mehr traue

Und Prager und Kretzschmer
So Prager und Kretzschmer heute
Hätten die Milchkannen abgesetzt
Und zusammen gesagt
Nur zu
Nur zu

Und Hagenbuch
Habe sich aus dem Fenster gebeugt
Und beiden die Sache erklärt

Der Henker
So Hagenbuch
Der Henker habe das Beil schon hoch in
    der Luft gehabt
Da habe der Hinzurichtende gesagt
Ich bin gar nicht der den Sie meinen
Darauf habe der Henker das Beil sachte
    zur Seite genommen
Und habe gesagt
O dann habe ich Sie falsch verstanden
Worauf der Henker den Hinzurichtenden
Wieder vom Richtblock geschnallt
Wonach der Hinzurichtende schnell zu
    seinem Hause geeilt
Dort aber von den Nachbarn erfahren
    habe
Daß seine Frau inzwischen den Frieder
    zum Manne genommen
Worauf der Hinzurichtende gesagt habe
Dann hab ich das Ganze wohl falsch
    verstanden
Und um sich zu trösten sei er ins
    Wirtshaus gegangen
Und dort sogleich auf den Chef-
    vollstrecker gestoßen
Der habe gerufen
Sie leben ja noch
So war das doch nicht gemeint
Dann hat mich der Henker wohl falsch
    verstanden
Worauf der Hinzurichtende willig

Sich wieder vom Chefvollstrecker zurück
An die Richtstätte abführen ließ
Und der erstaunte Henker habe gesagt
O Chef dann hab ich Sie falsch verstanden
Und der Chefvollstrecker habe
    geantwortet
Er habe es so nicht gemeint
Und der Hinzurichtende habe hinzugefügt
Er habe das Ganze wohl falsch verstanden
Und habe sich wieder anschnallen lassen
Worauf der Henker das Beil gehoben
Und der Hinzurichtende wiederum sagte
Ich bin gar nicht der den Sie meinen
Und der Henker habe das Beil wieder
    sachte zur Seite genommen
Und gesagt
O dann hab ich Sie falsch verstanden
Und habe den Hinzurichtenden wieder
    vom Richtblock
Geschnallt undsofort undsofort undsofort

Undsofort undsofort
Habe Hagenbuch nun immer wieder
    gesagt
Und so fort und so fort
So Prager und Kretzschmer heute
Undsofort undsofort undsofort
Und Prager und Kretzschmer
Wären mit eingefallen
Undsofort undsofort undsofort
Dann hab ich das falsch verstanden
Habe Prager gesagt
Und Kretzschmer
Ich bin gar nicht der den Sie meinen
Und Hagenbuch
O dann hab ich Sie falsch verstanden
Und dann alle drei unisono zusammen
Dann hab ich das falsch verstanden
So Prager und Kretzschmer heute
Und Hagenbuch habe dann dirigiert
Und immer schneller und lauter
Wäre ein richtiger Kanon entstanden

Dann hab ich das falsch verstanden
O das war aber nicht
So gemeint
Dann hab ich das falsch verstanden
O das war aber nicht
So gemeint

Und plötzlich wären alle Milchkannen-
    träger hinzugekommen
Und hätten in diesen einfachen
Aber schließlich völlig verrückten Kanon
Miteingestimmt

Und es wäre ein Singen
Ein Lärmen
Und ein Klappern mit den Kannen
    gewesen
Dann hab ich das falsch verstanden
O das war aber so nicht gemeint
Dann hab ich das falsch verstanden
O das war aber so nicht gemeint
Ein Singen
Ein Lärmen
Und ein Klappern mit den Kannen

Und schließlich sei
Schwester Frau Klytemnästra erschienen
Und
Heinz der Chauffeur
Und Schwester Frau Klytemnästra
Habe die Milchkannenträger auseinander-
    getrieben
Und herumkommandiert

Alexander der Große sofort ins Haus
Odysseus hierhin
Einhart von Reutlingen bist du jetzt artig
Marsch ab ihr dummen Kinder
Und daß ihr mir keine Milch verschüttet
Gneisenau wie siehst du denn aus
Los jetzt
Und Hagenbuch schließe das Fenster
    schließe das Fenster
Aber Hagenbuch
So Prager und Kretzschmer heute
Habe das Fenster nicht geschlossen
Sondern nach dem Gärtner gerufen
Ferdinand XII. möge sogleich erscheinen

Und der Gärtner
Wäre tatsächlich gekommen
Und habe gesagt
Er sei in Wirklichkeit Reichsverweser
Und Hessen und Nassau und Braun-
    schweig und Anhalt
Seien ihm zugeteilt
Habe der Gärtner gesagt
Aber jetzt habe er einerseits
Die orthopädischen Pflanzen
Und andererseits
Die gemütskranken Pflanzen
In Obhut
Und habe die Beete zu ordnen
Die Wege zu pflegen
Die Gräser zu wässern
Und die Steine zu säubern

Und Hagenbuch
So Prager und Kretzschmer heute
Sei dann aus dem Fenster gesprungen
Und wochenlang mit Ferdinand XII. im
    nahe gelegenen Wald
Wochenlang auf und ab gegangen
Und der Gärtner immer hinter Hagenbuch
    her
Mit Stiefmütterchen und
    Vergißmeinnicht
In den Händen
Und Hagenbuch habe am neunten Tage
    gesagt
Daß man die Schwachen immer hänsele
    und erniedrige
Obwohl jeder wisse
Daß nur die Schwachen
Güte und Großzügigkeit
In die Welt gebracht
Und die Starken immer die Welt am Ende
    zerstört
Aber immer seien die Schwachen
Ob ihrer Schwäche
Gehänselt und erniedrigt worden
Bis sie an Schwäche gestorben
Aber auch die Starken wären gestorben
Und alles Durchsetzen habe ihnen nicht
    weitergeholfen

So wenig wie alles Aufgeben den
    Schwachen weitergeholfen
Aber die Schwachen
Hätten die Güte unterirdisch
Aufrechterhalten
Und die Starken wären nur stark gewesen
Weil sie in Wirklichkeit schwach
Und die Schwachen immer viel stärker
    gewesen
Weil sie in Wirklichkeit stark
Aber die Welt sei aus einem völlig
    falschen Verständnis heraus
Geschaffen
Und so sei auch diese Erkenntnis
Wiederum falsch und umsonst
Und bringe niemanden weiter
Obwohl dies die älteste Menschen-
    krankheit sei
Die Hoffnung weiterzukommen undsofort
    undsofort

Und der Gärtner
Habe Hagenbuch immer die Blumen und
    Pflanzen getragen
Und beide seien sie wochenlang im Wald
    gewesen
Und tagelang um Haus Geistesnot herum-
    gegangen
Und hätten sich ihre Köpfe zerbrochen

Bis dann der Tag gekommen
An dem der oberste Leiter
Der Anstalt Bless-Hohenstein
Der sehr ehrenwerte Professor Eduard von
    Bleiberg
Hagenbuch zu sich gebeten
Um nun zu sagen
Daß er
Der oberste Leiter
Für ihn
Mein lieber Herr Hagenbuch
Nichts mehr tun könne
Auch das Ärzteteam Löchel Pietsch und
    Zehetbauer
Sowie die Kollegen Steinmann Kringel
    und Försterling

Seien ohne Ergebnis
In seinem Fall
Ohne Ergebnis
Und Heinz der Chauffeur würde ihn nun
Mein lieber Herr Hagenbuch
Zurück zu seiner Behausung fahren
Dort solle er
Mein lieber Herr Hagenbuch
Sich weiter ans Fenster setzen
Seinen Apfeltee trinken
Und in die Ferne schauen

Und Hagenbuch soll so getan haben
So Prager und Kretzschmer heute
Und heute noch
Säh man ihn dort
Und er schaue auf Argumente und
    Exkremente
Und wisse von Tag zu Tag mehr und mehr
Daß die sogenannte Welt aus einem völlig
    falschen Verständnis
Heraus geschaffen worden sei
Und jeder wisse dies auch inzwischen
Aber keiner wolle es wahrhaben
Weil niemand schwach sein dürfe
Weil alle stark sein müßten
Die Professoren wie die Gärtner
Die Milchkannenträger wie die
    Schwestern
Weil alle
So Hagenbuch
Sich völlig falsch verstünden
Und kein Wort mehr auf dem anderen
    bliebe
Und kein Gedanke sich mit dem anderen
    verbinde
Aber das wäre die Welt
Und das wäre der Wahnsinn
Dem man endlich zustimmen solle
Um sich und die Seinen zu heilen
Im Namen der Schwäche
So Hagenbuch
Der Schwäche in Ewigkeit aussichtslos
Unüberblickbar nichts mehr und nur noch
    vergänglich
Und aufrecht in Dankbarkeit

Untertitel: Das etwas andere Kabarett des Hanns Dieter Hüsch
Premiere: 3. Dezember 1984, unterhaus
Laufzeit: Bis Juni 1988

Das letzte »geschlossene« Kleinkunstwerk Hüschs mit der entschiedenen Absage an die »Geschichtsbuchhalter«. Wie schon fünfzehn Jahre zuvor in »Eine schöne Gesellschaft« und »Enthauptungen« folgt auf ein engagiert-politisches (»Das neue Programm«) in kurzem zeitlichen Abstand ein anspruchsvoll-poetisches Programm. Ohne Requisiten und Bühnenbild, sich ganz auf die Sprache verlassend und konzentrierend, zieht Hüsch als melancholischer Narr (s)ein philosophisch-versponnenes, ernstes Fazit. Im Mittelpunkt des nachdenklich-eindringlichen, in Moll gehaltenen Programms steht die Frage: »Wie soll der Mensch sein«. Am Ende folgten Hüschs fast schon trotzige Hoffnung auf den Menschen mit all seinen Schwächen und das in Poesie gesetzte Bekenntnis zu 1 Korinther 13: »…Alle zusammen. Zusammen – das ist das Glück. Gott schütze Sie.« sind die Schlußworte des Programms.

Aus den Pressestimmen:
Er bewältigt seine Themen wie ein antiker Philosoph. So macht das keiner, so sanft und so böse, so leise und so durchdringend, so sentimental und so schmerzhaft, und gleichzeitig: so liebevoll. Hanns Dieter Hüsch sagt, was Sache und nicht zu ändern ist: die Ohnmacht der Mächtigen, die Arroganz der Dummheit, die vollmundige Sprachlosigkeit, die Aussichtslosigkeit des Dennoch, die Lächerlichkeit des Ernstes, den Ernst des Lächerlichen. Sprachartistisch balanciert er auf dem brüchigen Seil der Unsicherheit.
Schon bald wird spürbar, daß da einer sitzt und singt, der Angst hat. Die Einsamkeit, das Versagen, die Verzweiflung, die Angst und der Wahnsinn sind in Hüschs neuem Programm deutlicher als jemals zuvor die Koordinaten, an denen sich alles andere orientiert und ausrichtet. Und das Lachen, das er provoziert, ist Ausdruck einer Heiterkeit, die sich nur dann einstellt, wenn man ihrer Rückseite, der Traurigkeit, ein Lebensrecht zugesteht.
Der Moralist Hüsch spinnt diese Bilder, um dagegen das Absurde und Grausame der Wirklichkeit um so deutlicher herauszustellen. »Angewandte Verrücktheit« nennt er seinen Versuch, in dieser verrückten Welt mit Verstand zu überleben, Menschliches in verordneter Unmenschlichkeit zu finden, und, nicht zuletzt, ein bißchen Hoffnung.

Hagenbuch
Ist wieder mit seinen Freunden
   in Bless-Hohenstein
Zusammen
Richard ist wieder mit Thekla
Zusammen
Ditz Atrops und Johannes
   Kleinheisterkamp
Ziehen wieder

Jeder mit einer weißen Fahne
Was heißen soll
Nicht töten
Wir sind Freunde
Ziehen wieder
Zusammen
Über die Dörfer
Durch die Kneipen
Und in die Kirchen hinein

Monika ist wieder mit Martin
Zusammen
Zusammen
Sagt auch die Frieda zu mir
Zusammen
Das ist das Glück
Danke auch Ihnen

Meine Freunde
Daß Sie heute abend hier waren
Alle zusammen
Zusammen
Das ist das Glück

Gott schütze Sie.

HDH, 60

Einzige Aufführung: 6. Mai 1985, Stadttheater Mainz

Zusammenstellung: Jürgen Kessler

Ein öffentliches Geburtstagsprogramm für geladene Freunde und zahlende Gäste (Eintrittspreis 1,– DM), die den poetischen Clown in den Mittelpunkt stellt, mit Texten vom »B(r)ettl-Studenten« bis zu »Und sie bewegt mich doch«. Vorform von »40 Jahre unterwegs«. Am Schluß mit der »Bernd Reichow Jazz Formation« als »Bless-Hohenstein-Geburtstags-Kapelle«. Hüsch spielt unter dem Eindruck der Todeskrankheit seiner Frau Marianne, die fünf Tage später stirbt.

Hagenbuchs Ständchen zu HDHs 60. Geburtstag

Untertitel: Chansons, Gedichte und Geschichten vom Niederrhein
Premiere: 1. September 1986, Kom(m)ödchen, Düsseldorf
Laufzeit: Bis Dezember 1989

Heiter-ironisches, vor allem die Niederrhein-Figuren präsentierendes Programm. Im Unterschied zu »Das schwarze Schaf vom Niederrhein« ist die auf das Kleinbürgertum gemünzte Satire eher zurückgenommen. Statt dessen zeigt sich eine Tendenz zur liebevollen Hommage an die Heimat.

Moers ist eine Stadt
Von der man nie weg will
Ich wollte als Junge nie weg von Moers
Aber keiner weiß, wo sein Leben endet

Käme ich noch einmal auf die Welt
Würde ich gern Graf von Moers sein
Und ich sage Ihnen auch warum:
Weil der liebe Gott mich in Moers auf die
    Welt kommen ließ
Und meine Kindheit ist meine Heimat
Mein Zuhause, das sind die Menschen

Aber meine Heimat, das ist meine
    Kindheit
Und meine Kindheit ist Moers

So einfach ist das
Da war ich aber noch ganz klein
Und jetzt ist Moers schon so groß
Aber ich häng noch immer an dem
    ganzen Kram
Und an dem ganzen Drumherum
Wat war et doch so schön
Wat is et doch so schön

Wilhelm Brunswick
Wie wir uns kennenlernten

Im Februar 1977 wurde ich vom Club der kochenden Männer in Moers zu einem niederrheinischen Herrenessen eingeladen. Was mich dort erwarten würde, war vollkommen unklar, außer daß Hanns Dieter Hüsch an diesem Abend zum Ehrenkoch geschlagen werden sollte.
Die Neugier, was niederrheinisches Herrenessen eigentlich bedeuten könnte, erst recht aber die Neugier auf Hanns Dieter Hüsch verdrängten dann die Schwierigkeiten mit einem Skigips.
Das Thema des Abends war Grünkohl. Schon die Tischdekoration war außerordentlich überraschend: Grünkohl wohin man sah. Die Vorspeise wurde aufgetragen. Wenn meine Erinnerung mich nicht

total verläßt, war es irgendwas an Fisch mit Grünkohl (oder mit Fisch an Grünkohl?). Auch das Hauptgericht bestand überwiegend aus Grünkohl, selbst die Nachspeise war durch Grünkohl geprägt.
Die kochenden Männer gehören einem großen Club an, der über die Grenzen der Bundesrepublik hinaus organisiert ist und eingeteilt in Ortsküchen, Bezirksküchen, Landesküchen – aufgebaut also wie eine richtig schöne Verwaltungshierarchie.
Und so waren dann auch Verbandsvertreter aus der ganzen Republik angereist: alle in Kochuniform, um den Hals grüne oder bordeauxfarbene Schleifen, die mit einer Plakette beschwert waren, auf der eine Languste abgebildet war.
Zu Beginn wurden Reden gehalten. Als erster begrüßte der Chef der Küche in Moers alle Gäste und entschuldigte alle jene, die

144

nicht gekommen waren. Dann kam ein erster Vertreter in Uniform mit Schleife und Plakette und eröffnete seine Rede mit dem Satz: »Obwohl ich heute abend eigentlich hätte in Darmstadt sein müssen, bin ich dann doch nach Moers…« Nach einer ziemlich langen Rede schloß er dann mit dem Wunsch nach einem schönen Abend. Der nächste Redner, irgendein Kanzler für Suppen oder Braten – so nennen die sich wirklich –, begann mit einem sehr originellen: »Obwohl ich heute abend auch in Darmstadt sein müßte, bin ich dann doch der Einladung nach Moers…«

Nach meiner Erinnerung geschah dies noch weitere zwei- oder dreimal, bis es dann endlich zur Ehrung von HDH kam.

Während all dieser Reden wurde ein Gästebuch herumgereicht mit der Aufforde-

rung, bitte nicht nur zu unterschreiben, sondern auch einen gehaltvollen Spruch voranzusetzen. Irgendwann kam dieses Gästebuch auch zu mir. Mein Kopf war wie die Reden vorher: leer. Mir fiel nichts ein. In meiner Not fragte ich meinen Nachbarn: »Herr Hüsch, was schreibt man denn nun eigentlich bei solchen Gelegenheiten?« Er ganz spontan: »Schreiben Sie einfach: ›Obwohl ich heute nicht in Darmstadt sein mußte, bin ich trotzdem gerne zu Ihnen nach Moers gekommen.‹« Und so steht es nun im Gästebuch.

Es wurde ein langer und feuchter und fröhlicher Abend; er war der Beginn einer Freundschaft, die nun über 20 Jahre währt und für die ich dankbar bin.

Herzlichen Glückwunsch, lieber Hanns Dieter.

Mit Wilhelm Brunswick, Bürgermeister von Moers

Daß ich den politischen Kabarettisten Hanns Dieter
Hüsch meinen Freund nennen kann, ist nicht
selbstverständlich - und zugleich naheliegend. Der
Politiker erstrebt Macht, um Ziele durchzusetzen; dem
Künstler ist die Macht suspekt und er untergräbt sie
mit seinen Mitteln. Indes ist Hanns Dieter Hüsch zu
"gerecht", um die Politik und die in ihr Handelnden
pauschal zu attackieren. Das schwarze Schaf vom
Niederrhein vermag, nach Büchner, den Phrasen bis zu
dem Punkt nachzugehen, wo sie verkörpert werden; er
weiß aber auch, daß er ein tönend Erz wäre, wenn er
die Liebe nicht hätte. Als moderner Scholar kennt er
die Stadthallen, Turnhallen und Kleinkunstbühnen ganz
Deutschlands - und zugleich liebt er seine Heimat mit
Inbrunst und hat sie literaturfähig gemacht. Er ist
ein Clown, der gern mit tiefer Bedeutungslosigkeit
plaudert und der in seinen Predigten ohne Kanzel die
Arthrose der Nachbarin mit den Problemen des lieben
Gottes zusammenbringt. Das schwarze Schaf vom
Niederrhein ist längst ein Schäfer geworden, der die
Launen seiner Herde mit Nachsicht betrachtet, weil
auch seine Kunst davon lebt, aus der Reihe zu tanzen.
Ich bin seit vielen Jahren sein Fan und seit einigen
Jahren sein Freund: Hanns Dieter Hüsch, ich
gratuliere Dir zu Deinem fünfzigsten Bühnenjubiläum
und wünsche Dir für die Zukunft alles Gute.

[Unterschrift]

146

Ich grüße euch
Ihr Liebhaber der allerkleinsten Kunst
Ihr Laufburschen des 20. Jahrhunderts
Auf- und abgeklärt
In euren Sesseln sitzend
Sonntags
Ihr hohen Priester des Geschmacks
Nun jeder wird sehen
Was von ihm übrigbleibt
Man weiß ja inzwischen wie alles verläuft
Nämlich im Sande
Kleinkunst ist Wahnsinn
Ist Bauchspeicheldrüse
Romantische Ironie
Kaffeehaus und Zähne zeigen
Ist Politik und verstimmtes Klavier
Tatsachenzirkus
Kohl und Konsorten
Klatsch und Kakophonie
Schützenfeste und Einsamkeit
Eifersucht Haaransatz langer Samstag
Babysitter und Baumbestand
Religiöse Prothese und Turnerbund
Jeder darf sagen

Was ihn bewegt
Man weiß ja inzwischen daß alles nicht
    stimmt
Auf dieser Welt
Kleinkunst ist Feuerwehr
Beamtenhumor und Betriebsausflug
Buttercremetanten verlorener Nachmittag
Ist Bonn Krankheit Gedankenherberge
Psycho-Kitsch und Aussagezwang
Nachtschattenblume Männerchöre und
    Gretchenfrage
Ist Messer und Gabel Trauer und Tollwut
Kaschemme und Kirche
Schwachsinn und Todesfall
Blackout und Applaus
Jeder muß tanzen
Und täglich sich überlegen
Wie er sich aufrecht hält
Kleinkunst ist Heilsarmee auch für
    Einzelgänger
Nicht der Nabel der Welt
Doch bringt sie für Dichter und Sänger
Auch schon mal Geld
Ich danke euch!!!

Vorpremiere: 6. Februar 1988, Savoy, Braunschweig
Premiere: 19. Februar 1988, Musikhalle Hamburg
Laufzeit: Bis Frühjahr 1990

Heiter-versöhnliche, den Akzent auf die Unterhaltung setzende, immer wieder variierte Zusammenstellung aus 40 Jahren Kabarett. Im Mittelpunkt steht nicht mehr der traurig-melancholische Narr (wie zumeist in den Programmen zwischen 1970 und 1984), sondern der stillvergnügte Clown.

Aus »Die Verbeugung«

Denn wir sind Phantasten des Herrn
Und bedanken uns
Für die wenigen Stunden in dieser Neuzeit
In denen wir uns haben formulieren dürfen
In denen wir spielerisch haben existieren
   dürfen
Für die wenigen Stunden

In denen wir unsere Pflichten haben erfüllen
Und in denen wir durch allzu tiefe Verbeugungen
Unsere Rechte haben vergessen dürfen
Für die wenigen Stunden in dieser Neuzeit
In denen wir unsere Schwächen
Zu einem Kunst-Stück machen dürfen

KLEINKUNSTPHILOSOPHISCHES

Von Hüsch

Kabarett ist öffentliches Nachdenken mit unterhaltenden Mitteln. Ich bin ein literarischer Kabarettist mit ganz bestimmten politischen Positionen – nie wieder Krieg, nie wieder Faschismus. Und wenn es darum geht, kann ich hochpolitisch sein. Für mich steht aber nicht Moral, sondern die Liebe oben. Der Hut kann gar nicht groß genug sein, unter den wir alle passen sollen müssen dürfen.

Das Thema ist der Mensch, und das ist für mich die größte Aktualität. Seine Tugenden und Untugenden, sein Tun und Lassen. Ich möchte den Menschen etwas erzählen, mit Vorbehalt natürlich. Dabei kommt es zu Formulierungen, sei es bewußt oder sei es Zufall, die plötzlich den anderen bewegen. Damit trifft man den Menschen am meisten. Es ist nicht das Argument, was

die Welt verändert. Es ist die Bewegung. Argumente werden meist widerlegt. Sie stimmen vorne und hinten nicht. Aber wenn ich ein künstlerisches Erlebnis habe, dann komme ich sehr bewegt wieder heraus, dann bin ich ganz anders, dann bin ich eigentlich ja doch schon verändert. Ich baue also auf die Bewegtheit, auf die Erschütterung. Die beiden großen Pole Lachen und Weinen.

Über Hüsch

Sieht man sich das gesamte Werk Hüschs an, so kristallisieren sich, trotz der Vielfalt, zwei große, zentrale Themen heraus, die sich auch im »Neuen Programm« wiederfinden: Da sind zum einen die großen gesellschaftlichen Konflikte, zum anderen die kleinen, scheinbar unüberwindlichen Schwächen seiner Mitmenschen. Seine

Themen sucht er sich im Alltag. Er beobachtet, schaut genau zu, hört hin. Tagespolitisches tritt bei ihm zugunsten weltanschaulich politischer Immanenz zurück ...
...Es ist der Mutwille des ästhetischen Spiels, das Gefühl der Allmacht im Umgang mit dem ästhetischen Material, das der Erfahrung der Ohnmacht im realen Leben, in der »Geschichte«, auf dem Felde der Kunst antwortet.

»Öffentliches Gelöbnis« der Kriegsdienstverweigerer mit Helmut Ruge

Helmut Ruge

Lieber Hanns Dieter,
ein Glück für uns, daß es Dich schon fünfzig Jahre auf der Bühne gibt. Für mich warst und bist Du, mindestens schon seit vier Jahrzehnten, das hoffnungsvoll, verzweifelt-lächelnde »Trotz alledem« in unserer Landschaft,und ich möchte Dir ganz herzlich dafür danken, daß ich eine so lange Zeit schon Deine Freundlichkeit, Deine Kollegialität und Deine Freundschaft genießen darf.
Angeregt durch Deine Geschichten »zwischen Himmel und Erde« möchte ich Dir ein Gedicht schenken:

Vom Kruzifix darf er nie mehr herunter
Sie haben Angst, er will zu uns zurück
Sie brauchen Strafen, Leid und Dornenkronen

die Priester sind's, die Priester mit dem bösen Blick.

Sie halten ihn gefangen in den Kirchen
Und will er schlafen, schlägt man auf ihn ein
Will er schreien, drückt man Schwämme auf die Lippen
Und findet täglich eine neue Pein.

Warum darf Jesus nicht in Glockenblumenwiesen liegen
Mit dem Mädchen, das er liebt?
Und mit Buddha eine Partie Billard spielen?
Warum will man nicht, daß es ihn lachend gibt?

Wer nagelt ihn von neuem täglich an die Wand?

Und was war noch?

Am 21. März 1981, auf dem Karolinenplatz in Darmstadt, ist er mit Helmut Ruge zusammen »Vereidiger« beim »Öffentlichen Gelöbnis der Kriegsdienstverweigerer«. Die von Hüsch gewählte Eidformel ist Wolfgang Borcherts Gedicht »Dann gibt es nur eins«.

Im Auftrag des PEN-Zentrums Deutschland konzipiert Hüsch zum »Tag des Buches« am 10. Mai 1982 das Theaterstück: »Die verbrannte Zeit. Eine szenische Collage aus der Vergangenheit für die Zukunft«. Aufgeführt im Stadttheater Mainz; Regie: Wolfgang F. Henschel, mit: Kornelia Boje, Pinkas Braun, Vadim Glowna, Louise Martini, Helmut Ruge; Musik: Fritz Maldener; neben Hüsch-Texten mit Zitaten von: Hugo Ball, Max Beckmann, Bert Brecht, Alfred Döblin, Albert Einstein, Max Ernst, Sigmund Freud, Claire Goll, Ivan Goll, George Grosz, Ferdinand Hardekopf, Walter Hasenclever, Heinrich Heine, Jakob van Hoddis, Erich Kästner, Klabund, Else Lasker-Schüler, Alfred Lichtenstein, Heinrich Mann, Walter Mehring, Erich Mühsam, Romain Rolland, Kurt Schwitters, Ernst Stadler, Ernst Toller. Die Aufführung wurde live vom ZDF gesendet.
In William Shakespeares «Zwölfte Nacht oder Was Ihr wollt« spielt er am Staatstheater Darmstadt die Rolle des »Narren«, Premiere: 29. August 1982, Regie: Eike Gramss.
An der Deutschen Oper am Rhein, Düsseldorf, in der Oper »Ein König horcht« von Luciano Berio/Italo Calvino spielt er die Rolle des »Freitag«, Premiere 28. Mai 1988, Regie: Holk Freytag.
Für das ZDF schreibt und spielt er in der Rolle des preußischen Königs den Fernsehfilm »Torheiten des Ruhms«, zum 200. Todestag Friedrich des Großen. Erstausstrahlung 17. August 1986, Regie: Hans Dieter Schwarze, mit: Guntbert Warns als Rekruten u. a.
Seit Mitte der achtziger Jahre regelmäßige Auftritte bei den Evangelischen Kirchentagen, so im Juni 1985 auf dem 26. Evangelischen Kirchentag in Hamburg mit einer Zusammenstellung unter dem Titel: »Hallo, Ihr Säugetiere«, zusammen mit der Sakro-Popgruppe »Ruhama«. Ebenfalls ab 1985 regelmäßige Laienpredigten, vor allem in der Johanniskirche Köln-Klettenberg mit Pfarrer Uwe Seidel.

1987 produziert das ZDF ein besonders gelungenes Hüsch-Portrait: »Abschied von einer Stadt«. Eine Hommage an Mainz, die Stadt, die ihn zum Aschermittwochsmenschen machte, Lebenslust und Lebensverlust lehrte; Regie: Wolfgang F. Henschel. Der Bildband »Hüsch. Und fordere mich noch mal zum Tanz« gerät gleichermaßen zu einem liebevoll-melancholischen Abschiedsgeschenk Hüschs an Mainz. Er zieht nach Köln und beginnt kein neues Leben, aber eine neue Geschichte, wie er sagt, eine Liebesgeschichte. Die junge weibliche Hauptdarstellerin heißt Christiane Rasche.

Weitere Ehrungen: am 27. Februar 1983 den Ehrenpreis zum Deutschen Kleinkunstpreis für sein Lebenswerk. 1984 Ehrenring der Stadt Moers. 1986 Landesbühnenpreis des Landes Baden-Württemberg für das Stück »Ein wunderlicher Kerl« von Hans Dieter Schwarze in der Regie/Inszenierung von Hanns Dieter Hüsch. Am 24. August 1986 den Buxtehuder Kleinkunstigel für das beste Programm der dortigen Spielzeit (»Und sie bewegt mich doch«).
Im Sommer 1988 den Verdienstorden des Landes Nordrhein-Westfalen für kulturelles Wirken.

Wirf dein Lieblingsglas gegen die Schrift
  auf der Wand
Nimm deinen Lieblingshut und in die
  andere Hand
Deine zwei Bücher ein Instrument nimm
  ebenfalls mit
Denn einzig Musik hält mit der Trauer
  Schritt

Urgestein des deutschen Kabaretts
Konservativer Urkommunist
Übervater des deutschen Kabaretts

Humanistisches Urviech
Weiser Uhu
Unikum in der deutschen Kleinkunstszene

HÜSCH

HANNS DIETER   AM NIEDERRHEIN

NEUES VOM FLACHEN LAND

Plakat 1986/89

Vagant am Straßenrand des Lebens
Valentin aus Dinslaken
Vaterfigur der Kleinkunstszene
Eigenartiger Virtuose
Verbalfetischist
Professoraler Vollbärtling
Volksphilosoph
Virtuose mit den losen Blättern
Veteran undeutschen Denkens
Verfechter der niederrheinischen
 Lautverschiebung
Villon vom Kirchentage

Jürgen »Moses« Pankarz, Grafiker

Alexandra Kassen, Theaterleiterin

Karsten Jahnke, Konzertveranstalter

Peter Neumann, Fahrer und Assistent

Norbert Schinner, Niederrhein-Fotograf

Weisheitszahn des deutschen Kabaretts
Weiser unter den Schalksnarren
Wanderprediger in Sachen Toleranz
Wortklauber der Nation
Märchenhafter Wirklichkeitserzähler
Wanderspötter
Brillanter Wort- und Gedankenakrobat
Wortspieler par excellence
Der mit Worten wie mit Murmeln spielt

Hüsch-Kopfsalat von Jürgen von Tomëi

Zauberer der Artikulation
Zungenfertiger Sprachartist
Zauberkünstler
Zyniker um der Menschlichkeit willen
Zappelphilipp mit den schnellen
   Gedankensprüngen

Zehnkämpfer literarischer Klein- und
   Großkunst
Ziehvater ganzer Kabarettgenerationen
Zeitloser unter den Aktuellen

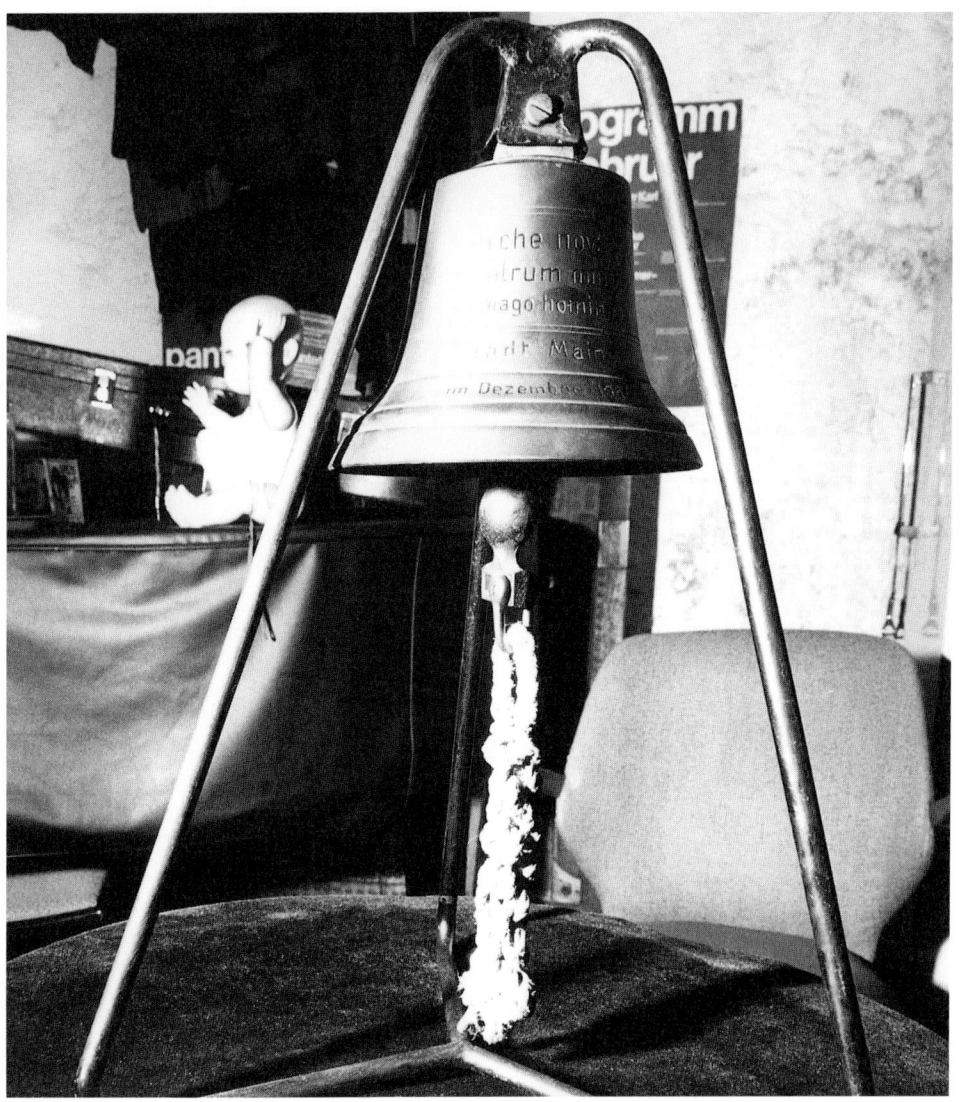

VI.

1989–1998 · Da capo

Ich möchte, daß die Welt mal lächelt,
Eh's zu spät ist.
Ich möcht' ein Clown sein,
Dessen Herz ein lustiger Planet ist.

AM NIEDERRHEIN II

Untertitel: Neues vom flachen Land
Vorpremiere: 6. Dezember 1989, Werratalhalle, Löhne
Premiere: 11. Dezember 1989, unterhaus
Laufzeit: Bis Ende 1997

Variierte Fortführung von »Am Niederrhein«, vornehmlich mit seit Anfang der achtziger Jahre entstandenen Niederrhein-Betrachtungen. Eine liebevolle Hommage mit satirischen Untertönen, den Eindruck von »Wärme der Kindheit« vermittelnd. Mit Teetasse und Kissen die Bühne betretend, präsentiert er sich als heiter-unbeschwerter, charmanter Erzähler von Alltagsgeschichten.

Aus den Pressestimmen:
Hüsch gelang das ungewöhnliche Kunststück, das kleinbürgerliche Milieu seiner Herkunft zu verinnerlichen und in ein heiteres Welttheater zu verwandeln. Wenn er seine niederrheinischen Figuren mit wenigen Gesten zum Leben bringt, dann ist das lebendiges Volkstheater. Volkstheaterminiaturen – und dann ganz plötzlich und nebenbei ein kleiner Ausflug ins Absurde, der dann doch wieder auf dem Boden der Tatsachen endet.

Wat waren sie eigentlich vorher?

Wissen Sie wat ich in letzter Zeit furchtbar oft gefragt werde:
Wat waren Sie eigentlich vorher?
Darauf antworte ich meist:
Wie vorher
Ja, waren Sie vielleicht Lehrer?
Oder Arzt waren sie glaub ich, Arzt.

Nee, sag ich. Ich war immer nur
Kabarettist
Ja schon, aber vorher waren Sie also nichts
Richtig
Und Kabarettist, kann man das so einfach werden?
Ja, sag ich, so einfach nicht
Aber man muß vorher nicht unbedingt
was anderes gewesen sein –

Nicht unbedingt?

Nicht unbedingt

Also man kann gleich Kabarettist sein?

Ja, sag ich, nicht gleich, erst muß man ja
mal auf de Welt kommen

Un hören und gucken un Leut kennen-
lernen

Un Leut mögen un Leut nicht mögen

Und dann kann man, wenn man will,
gleich Kabarettist sein. Ach!

Ja, sag ich, man kann natürlich vorher
auch wat anderes machen, aber man
musset nicht

Wir dachten immer, Sie wären vorher
noch in einem richtigen Beruf gewesen

Nee, sag ich, ich hab gleich den falschen
Beruf ergriffen

Oder vielmehr er hat mich ergriffen

Und seit der Zeit geh ich meistens abends,
so um diese Zeit auf de Bühne

Hauptberuflich??

Wie bitte?

Sie machen das hauptberuflich?

Ja, so kann man sagen

Jedenfalls nicht ehrenamtlich

Denn von irgendwas muß der Mensch ja
leben

Sicher, klar

Und wat machen Sie vormittags?

Lang schlafen?

Ich mein, wenn Se nicht auf de Bühn sind

Ich bin immer auf der Bühne. Im Geiste

Ach

Ja, also, unsereiner kann sich das ja alles
gar nicht so vorstellen. Wenn man einen
richtigen Beruf hat. Sie sind also immer
auf der Bühne

Muß ja eigentlich schön sein

Manchmal ja, sag ich, und manchmal
auch nicht

Denn et gibt ja Komödien und Tragödien

Ja sicher, das ist schon richtig, aber mit
den Tragödien da haben Sie ja wohl nix
mit zu tun

Sie sind ja wohl doch mehr wat zum
Lachen

Ja eben, sag ich, und zwar schon von klein
auf

Und deshalb konnte ich auch vorher
nichts anderes sein oder werden

Ach, so ist das

Ja, sag ich, so ist das

Ja, dann wollen wer auch nicht weiter
stören

Schönen Tach noch

Ja gleichfalls, sag ich dann immer, und
denk mir, wenn die wüßten, wat man
all noch sein möchte, ne, un wie man
gern noch aussehen möchte

Ich wär auch wahnsinnig gern Pianist
geworden

Jazz-Pianist, so wie der Erroll Garner

Der mit der berühmten linken Hand

Aber ich hab ja inne Klavierestunde nicht
genug geübt

Un Tänzer wär ich auch gern geworden

So wie de Nurejew

Oder wie heißt de andere Russe

Barasch… öh… Balalaika, jetzt komm ich
nicht auf den Namen

Barischnikoff, der hat mal getanzt zu
A Quarter past three

Un de Sinatra hat dazu gesungen

Barischnikoff heißt de

Wenn de tanzt dann sieht das aus als würd
er gehen

Un de Sinatra wär ich auch gern geworden

The summer wind

Un dann wär ich auch noch gern aufem
Himalaya rumgeklettert

Aber man kann eben nicht alles werden

Ich möcht auch oft anders aussehen

Ganz schlank un son bißken blaß un deka-
dent

Un ganz verspielt

Daß die Leute dann fragen:

Waren Sie nicht früher oder vorher mal
Pantomime

Und dann würd ich furchtbar gern
antworten:

Nein, ich war Lokomotivführer zwischen
Moers und Krefeld

Beikircher
an Kessler
wg Hanns Dieter Hüsch

Mach's wie Walter Mehring:
pack die Koffer und setz Dich mit Deiner
Schönen in die Hotels. Laßt Euch im
Danieli im Foyer Champagner kredenzen
und genießt das Welttheater. Das (und
noch viel mehr) hast Du Dir nach 50 Büh-
nenjahren redlich verdient, und es ist alle-
mal amüsanter als der Glückwunschrei-
gen der Kabarettisten, die Hüsch sagen
und sich meinen (weißt Du noch? In Köln
in der Wolkenburg? Bis halb vier Uhr früh
haben sie Dich Dir zu Ehren mit ihren Auf-
tritten gequält!). Und: Du brauchst nicht
mal zu applaudieren. Es sei denn, Du woll-
test damit sagen:
»Pist! Kellner! Noch einmal so eine!«
Dein
Konrad

FEINE KOMÖDIEN – FEINE TRAGÖDIEN

Untertitel: DAS FEINSTE VOM LEBEN. Hanns Dieter Hüsch über Gott und die Welt
und die Kleinkunst
Vorpremiere: 14. März 1990, Wilhelmshöhe, Menden
Premiere: 19. März 1990, unterhaus
Laufzeit: Bis Anfang 1995

Hüsch in der Rolle eines heiteren Narren, der »philosophischen Unfug« treibt und sich selber nicht
ganz ernst nimmt, erstmals mit der für die neunziger Jahre charakteristischen »Narrenkrone« als
Kostümierung. Er gestattet sich, ganz wie DER SPIEGEL einmal witzelte, »Pausen in seinem Vortrag durch eigenes Gelächter« zu füllen und benutzt dies als neues Stilmittel seit Anfang der neunziger Jahre in zunehmend perfektionierter Technik.
Über sich selbst sagt er: Ich bin ein fahrender Poet, ein Gedankengänger und ein Glückskind. Ich
kann aus Trauer Trost machen, aus Schmerzen Heiterkeit, aus Zorn Zärtlichkeit, aus Feinden
Freunde und aus Weinen Lachen. Wie ich das mache, weiß ich nicht, das weiß nur der liebe
Gott. Ich bin ein altes Kind und träume immer noch von der großen Liebe unter den Menschen
und allen ein Wohlgefallen auf Erden und im Himmel. Ich versuche sanftmütig und großzügig zu
bleiben. Kapitulation ja, aber Resignation nie. Optimismus ungern, aber Zuversicht immer. Ich
war und bin immer ein Prediger und ein Zweifler, mal mit der Fackel in der Hand, mal mit der
Narrenkappe auf dem Gehirn, mal als Kind und mal als Komiker.

Muscheln essen

Wie heißt doch die schöne Regel:
Muscheln kann man so lange essen
Solange die Monatsnamen ein R in sich
    haben
Na ja, im September und im April würd
    ich da ja nicht mehr zuschlagen
Aber sonst bin ich ein großer Muschel-
    esser vor dem Herren

Und danach auch noch
Aber hauptsächlich natürlich so
    Muscheln auf rheinische Art
Auch schon mal provenzalisch
Oder so überbacken
Aber hauptsächlich rheinisch hauptsäch-
    lich
Mit so 'nem schönen feinen pfeffrigen Sud

Aber das muß ich Ihnen ja nicht erzählen
Nein was ich Ihnen erzählen wollte ist
    folgendes:
Daß ich mal in Essen in einer einfachen
    Wirtschaft rausgeflogen bin
Weil der Wirt mir beibringen wollte, wie
    man anständig Muscheln ißt
Ich meine ich habe ja bei meiner Tante
    Liese mit dem Muschelessen
    angefangen
Und da hab ich eben nicht, wie es sonst
    die meisten handhaben
Die Muschel mit einer leeren
    Muschelschale als Zange aus ihrem
    Gehäuse gezupft
Sondern die Muschel schön in ihrem Teil
    des Gehäuses gelassen
Die Schale samt Muschel dann durch den
    pikanten Sud gezogen
Und dann die Muschel samt Sud wie die
    Auster
Des kleinen Mannes locker herunter-
    geschlürft
Lecker
Und deswegen wollte mich der Wirt in
    Essen aus dem Lokal
Werfen
Weil er eben meinte
Daß man das leere Gehäuse als Zange
    benutzt
Und damit dann möglichst mit spitzen
    Fingern die Muschel
Herbei also an sich heranzieht
Um sie dann dezent in den Mund zu geben
Sehn Sie mal hab ich zu diesem Pädagogen
Unter den Gastronomen gesagt
Genau das mache ich nicht!
Ich bin ja nicht jahrelang bei meiner Tante
    Liese
In die Muschellehre gegangen
Daß Sie mir jetzt in Essen ihre bezaubern-
    den Ratschläge
wie man Muscheln adäquat ißt
Um die Ohren hauen
Aber da hätten Sie was erleben können:
Da hat dieser Wirtschaftserzieher

Drei Worte auf einmal gesagt
Das könne er in seinem Haus nicht
    einreißen lassen
Ich solle gefälligst woanders hingehen und
    ich bräuchte mich in seinem Lokal nie
    mehr blicken zu lassen
Muscheln äße man auf der ganzen Welt
    anders und das müsse
Er sich nicht weiter antun und so weiter
    und so weiter und so weiter
Und Aufnimmerwiedersehen!
Vielleicht ißt man Muscheln wirklich
    ganz anders
Aber mir schmecken sie so gegessen am
    besten
Und man ißt ja auch immer ein Stück
    Erinnerung mit
Außerdem bin ich für eine feine
    Gesellschaft sowieso immer
Ein Risiko
Wissen Sie was ich immer mal so gerne
    möchte
Ich möchte mal wie Burt Lancaster in dem
    berühmten Film
»Vera Cruz«
Mir mal so einen knusprigen
    Hühnerschenkel durch die Zähne ziehen
Daß das Fett mir nur so in den Bart läuft
Und möchte auch meinem reizenden
    Gegenüber
Der Komtesse von Pfirsichborough eine
    dunkelblaue Traube
Ins Dekolleté werfen
Und dem Geheimrat Kalk von Kalkstein
    langsam die
Smokingfliege aufblättern
Und ihm ein Trostpflaster über den Mund
    kleben
Damit er zu kommandieren aufhört
Und dann möchte ich mich an den großen
    Kronleuchter hängen
Hin und her schaukeln
Und dann mitten in die große Geburts-
    tagstorte hineinspringen
Ha
So einer bin ich!

Rudolf Scharping
Borken – 1994

Junge Frauen mit ausgeprägt weiblichen Rubensformen, bekleidet mit handgestrickten, schafswollenen Kniestrümpfen, die man heute wohl Over-Knees nennen würde, und grünlichen Trachtenkleidern mit weiten Röcken in italienischer Länge, den Kopf geschmückt mit kleinen baiserähnlichen Häubchen, betreten pünktlich um 20.00 Uhr die Bühne.

Die Blaskapelle spielt ein Lied. Hanns Dieter Hüsch sitzt in der ersten Reihe. Er kommt als nächster dran. Als eine Art Nummerngirl, wie er gleich sagen wird. Aber das weiß ich zu diesem Zeitpunkt noch nicht. Ich versuche etwas von der Stimmung im Saal zu erspüren und vorauszuahnen, wie in dieser folkloristischen, heimatlichen Idylle einer hessischen sozialdemokratischen Hochburg der Auftritt von Hanns Dieter aufgenommen werden wird.

Szenenwechsel – der große Meister auf der Bühne. Applaus!

Er beginnt mit Hans Georg Lichtenberg und einigen Wortspielereien über sich, seine Frau, seine Freundschaft zu mir und zur Sozialdemokratie. Das Eis bricht. Der Saal, vielmehr das Publikum, liegen ihm zu Füßen. Danach halte ich eine Rede. Inspiriert von der Stimmung im Saal greife ich humoristisch ein. Der Abend wird ein Erfolg. Politik mal ganz anders. Trotzdem wird vermittelt, was das politische Ziel ist: mehr soziale Gerechtigkeit, mehr Teilhabe an politischen und gesellschaftlichen Prozessen, mehr Gleichberechtigung, Bildung für alle, weniger Arbeitslose und ein gesundes Leben.

Wieder Szenenwechsel. Rheinland-Pfalz – 1987. Über 40 Veranstaltungen verbinden sich zu einer Reise durch das Land.

»…Daß unsere Erde Heimat wird für alle Welt« lautete das Motto, inspiriert von Bloch und Edgar Reitz und den Gefährdungen unserer Lebenswelten durch Umweltzerstörung, Arbeitslosigkeit und Wettrüsten. Gemeinsam mit Hanns Dieter Hüsch, Konstantin Wecker, Dieter Hildebrandt, Herbert Bonewitz, Jürgen Kessler, Freunden wie Liederjan und Uschi Flacke und anderen stellten wir die Tour auf die Beine. Immer traten regional bekannte Künstler und die »Promis« gemeinsam auf. Das Ganze war ein hartes, aber lohnendes Stück Arbeit. Wenn auch die Früchte erst vier Jahre später durch den Wahlsieg der SPD geerntet werden konnten.

Die skizzierten Momente sind wie Mosaiksteine eines großen, farbenfrohen Bildes, das noch nicht fertig ist. Das Bild hat aber schon einen Titel: Mein Freund Hanns Dieter Hüsch.

Klaus Staeck
Schleudertrauma

Es geschah am 12. September 1990 in Bochum auf dem Wege zum Restaurant Forsthaus Fuchs. Ortsunkundig hatten wir uns in einer Art Siedlung im Grünen verfahren und versuchten, uns durchzufragen. Vor mir fuhr Hanns Dieter Hüsch.

Zusammen mit Freunden kamen wir von einer Veranstaltung der »Aktion für mehr Demokratie« im riesigen Park um die Galerie im Haus Weitmar. Zuvor war von Oskar Lafontaine die Ausstellungsreihe FÜR OSKAR eröffnet worden. Vierzig Künstlerinnen und Künstler hatten Grafiken zur Verfügung gestellt, um Lafontaine im Bundestagswahlkampf 1990 auf ihre Weise zu unterstützen. Zu ihnen gehörten Christo, Günther Uecker, Rosemarie Trockel, Nam June Paik, Rune Mields, Katharina Sieverding, Alfred Hrdlicka, Günter Grass, Jochen Gerz und Hans Haacke. Es war der Auftakt zu über zweihundert Ausstellungen in allen Winkeln der größer gewordenen Republik.

Auf der Bochumer Freilichtbühne standen neben Oskar Lafontaine Hans Geissendörfer, Joana, Uschi Flacke und Hanns Dieter Hüsch und priesen die Vorzüge eines schon damals überfälligen Machtwechsels. Die Polizei schätzte die Zahl der mehr oder weniger ergriffenen Zuhörer auf dreitausend. Leicht bis mittelschwer übermüdet machten wir uns am späten Abend auf die Suchfahrt nach besagtem Restaurant zur Feier danach. Einen Augenblick abwesend rammte ich dabei Hanns Dieters Wagen. Sein Gefährt selbst hatte, soweit beim ersten Augenschein erkennbar, bei der unfreiwilligen Zwangsvereinigung beider Stoßstangen keinen größeren Schaden genommen. Von Hanns Dieter erfuhr ich, allerdings erst lange Zeit später, daß ich ihm anläßlich unserer nächtlichen Begegnung zu einem gehörigen Schleudertrauma verholfen hatte.

Nicht auszudenken, was passiert wäre, wenn die Karambolage noch heftiger ausgefallen wäre. Staeck contra Hüsch – eine Welle von Schadenfreude wäre wohl über uns beiden zusammengeschlagen.

Politisch war Hanns Dieter immer ein verläßlicher Freund. Vor allem in Zeiten wie diesen, in denen viele wieder einmal auf der Wanderschaft sind. Auch im Scharping-Wahlkampf 1994 war er ohne Zögern bereit, sich in einer Pressekonferenz für den Kandidaten einzusetzen. Anschließend posierten wir für einen dpa-Fotografen auf der Terrasse des Bonner Presseclubs mit meinem neuesten Plakat »20000 DM Schulden für jeden. Sicher in die Zukunft. CDU«. Dieses einzigartige Dokument der Zeitgeschichte wurde meines Wissens allerdings von keiner einzigen Zeitung veröffentlicht. Möglicherweise, weil sie der Botschaft des Plakates mißtrauten und die Schulden noch wesentlich höher einschätzten.

Klaus Staeck

MEINE BIBEL

Untertitel: Das Schwere leicht gesagt
Erstaufführung: 16. September 1990, Herz-Jesu-Kirche, Bonn

Auftragsarbeit für das Katholische Bildungswerk Bonn. Danach in einigen wenigen Kirchen noch einmal aufgeführt. Rezitation von 15 Ausschnitten aus dem Alten und Neuen Testament sowie von eigenen, zum kirchlichen Rahmen passenden Texten humanistisch-theologischen Inhalts.

Uwe Seidel
HDH

Kabarettist auf eigene Faust,
aber nie ohne Gottvertrauen;
»denn ER läßt mich nicht im Stich!«,
so lerne ich ihn kennen und schätzen und
  lieben.
Bei einer Tasse Tee, etwas Süßem und
  zwei Brötchen,
mehr nicht, wegen des Gewichts und
  natürlich Chris,
reden wir drauflos und bedenken die
  Zeiten,
bereiten ein neues Kirchenprogramm vor
für Johannes, seine Heimatkirche oder
  den Kirchentag
mit zehntausend Menschen und mehr.
Ein Phänomen,

daß sowohl alte als auch junge Leute an
  seinen Lippen hängen,
ihn als menschenfreundlichen Propheten
  feiern,
der ihnen allen im Dickicht der
  Meinungen
Richtungen weist und Schneisen zieht.
Meine Anerkennung diesem Menschen-
  freund,
der die Menschen nicht in Grund und Bo-
  den verdammt,
im Gegenteil:
Er zieht sie aus den Tiefen und macht
  ihnen wieder Mut
zum eigenen Weg und Leben.
Er schreibt uns nichts vor,
zeigt aber deutlich auf,
wo die »Liebe wächst und der Frieden
  gedeiht.«

Ich erlebe ihn,
den Erzähler und schmunzelnden
   Beobachter,
mit seinen großen und kleinen
   Geschichten,
in denen wir uns wiedererkennen
mit unseren großen und kleinen Fehlern.
Immer lehrt er uns das Lächeln über uns.
Wenn er seinen Zeigefinger erhebt, droht
   er nicht,
er verbindet uns vielmehr mit seiner
   unwiderstehlichen Güte für Mensch
   und Welt.
Und redet und predigt,
daß noch nicht alle Welt verloren ist;
der die Liebe gegen die Ohnmacht setzt
und die Freundlichkeit dem Gleich-
   gültigen ins Herz lächelt.
Sitze ich zu seinen Füßen
auf Treppenstufen in der überfüllten
   Halle des Kirchentags,
lasse ich mich im Kom(m)ödchen in den
   Sessel fallen,
hocke auf einem Stuhl im Senftöpfchen,
frage ich: Was ist der Unterschied
   zwischen Kirche und Kabarett?
und erhalte von ihm die Antwort:
Jedes Programm soll die Liebe zu den
   Menschen aufblühen lassen –
poetisch beschrieben und niedergeschrie-
   ben in unendlichen Geschichten,

von Japan bis zum Niederrhein –
ohne daß irgend jemand auf der Strecke
   bleibt.
Er zerschlägt nicht, er baut auf,
selbst die Kirche, was ja nicht gerade
   selbstverständlich ist in der Szene.
»Die Fürbitte habe ich gerade noch im
   Flugzeug geschrieben«, erzählt er mir.
»Über den Wolken, oder darunter?« frage
   ich.
Seine Antwort: »Das weißt Du doch.
   Immer dazwischen.«
»Eben, immer zwischen Himmel und
   Erde.«
Darum drücken seine Geschichten nicht
   nieder, sind seine Texte leicht,
ohne oberflächlich zu werden, darum
   spricht er auch so schnell,
als seien alle seine Gedanken im Flug
   aufgeschrieben.
»Noch einen Tee?« »Ja, danke«, und wir
   erzählen weitere Geschichten.
Sitze ich jetzt bei ihm zu Hause, ganz
   privat,
oder schon irgendwo auf der Bühne?

Diesem Freund alle guten Worte
auf den Kopf zugesagt,
ins Herz geschrieben,
in die Seele gewünscht:
Sei gut behütet.

UNTERWEGS & ZU HAUSE

Premiere: Frühjahr 1991, ORF Studio Graz

Zusammenstellung: Jürgen Kessler

Nur für Österreich (ORF) produziertes Programm, inhaltlich zum Titel passend aus dem Repertoire zusammengestellt.

Zuhause das ist:

Ein unsichtbares Bild
Ein Zauberwort
Ein altes Lied
Ein Kinderwunsch
Der sich am Ende erst erfüllt

Untertitel: Mißverständliche Gespräche
Premiere: 7. April 1991, Théâtre Fauteuil, Basel
Laufzeit: Gelegentlich bis unbestimmt

Von und mit: Helga Mummert

Dialogische Lesung eines »Ehepaares«, das seine Marotten, Betrachtungsweisen und Befindlich-keiten preisgibt. Ein vergnügliches Programm, ausschließlich mit Texten aus der Feder von Helga Mummert, der ehemaligen Partnerin aus »arche«-Zeiten.

Helga Mummert, HDH

Helga Mummert

Seit über vierzig Jahren wohnen wir nun wieder in derselben Stadt. Und wie das so ist, wenn man in derselben Stadt wohnt, man schreibt sich Karten aus Florida und Afrika, aber man sieht sich selten. »Ein-fach keine Zeit.« So ist es zwischen Dieter und mir zur schönen Gewohnheit gewor-den, Karten aus den Ferien zu schreiben.

Hüsch an Mummert:
Hallo, Helga – so alt wie diese Karte ist auch das Land, in dem wir gerade weilen: Italien. Florenz läßt grüßen. Wir haben Raffael getroffen. Er hat uns mehrere Male gebeten, Dich zu grüßen. Ihr kennt Euch von Malta, hat er gesagt. In den Uffizien ein Selbstbildnis von mir (1441–1518). Merkwürdiges Gefühl. Wie geht es immer in Colonia? Steht der Dom noch? Wer hat ihn erbaut? Das interessiert uns. Schreib mal.

Mummert an Hüsch:
Lieber Hanns Dieter Hüsch –
Entschuldigen Sie den schriftlichen Überfall – wir bewundern Sie immer im Fernsehen, Ihr schönes Spiel. Leider hatten wir noch keine Gelegenheit, Sie persönlich zu sehen, es ist immer ausverkauft. Was nicht ist, kann ja noch werden.

PS: Mein Mann hält Sie für den größten Pianisten neben Friedrich Gulda.
Freundliche Grüße.

Hüsch an Mummert:
Liebe Mummi – Du wolltest doch immer wissen, wie ein richtiger Dichter aussieht. Umseitig ist einer zu sehen. Ein Fischer hier im Dorf erzählte uns, daß das ein gewisser Gerhart Hauptmann sei. Keine Ahnung. Er sei aus Schlesien und habe mal im 1. Weltkrieg ein Freikorps angeführt. Daher der Name Hauptmann. In Wirklichkeit sei er Weber gewesen und habe am Boxeraufstand in China teilgenommen. Könnte ja sein, daß Du ihn aus Deiner Theaterzeit kennst. Sonst geht es uns sehr gut.

Franz Xaver Ohnesorg
Hanns Dieter Hüsch zum 50. Bühnenjubiläum

Lieber Hanns Dieter,
Dir zu Deinem 50. Bühnenjubiläum gratulieren zu können, das ist mir Freude und Ehre zugleich, denn ich bin rundum glücklich: Dich zu kennen, ja viel mehr noch, Dich als Freund zu haben. Da Du zudem auch noch die Kölner Philharmonie ins Herz geschlossen hast, schafft dies genau jenen Zustand, den wir so lieben: zwischen Himmel und Ääd. Da wollen wir gerne leben...
Ich nehme es auch in meinem 15. Kölner Jahr nicht in Anspruch, rheinisch zu sprechen. Aber rheinisch denken, das kann ich inzwischen recht gut. Gelernt habe ich das von Dir – nicht zuletzt bei unseren philharmonischen Nächten zum Jahresende. Dafür danke ich Dir sehr, denn so ist mir

Köln in bis dahin unbekannter Weise zur Heimat geworden.
Hinzukommt, wie es Dir bei uns in der Philharmonie jedesmal wieder gelingt, über 2000 Menschen in Bann zu schlagen. Das hat mit Kleinkunst nichts mehr zu tun, da bist Du ein wahrer Titan. Und Du bist – zumal jüngeren Kollegen gegenüber – stets in einem unglaublichen Maß hilfreich, unkompliziert, menschlich und herzlich.
Also, lieber Hanns Dieter, laß Dir zu Deinem goldenen Jubiläum herzlich gratulieren, laß Dich umarmen, freue Dich über die Ehrungen und bleibe gesund! Drück die Christiane und denke an unseren alljährlichen Neujahrsspruch: Möge die Übung auch künftig gelingen!

Sehr herzlich

Franz Xaver Ohnesorg

MEINE KLEINE NACHTMUSIK

Untertitel: Hüsch, Mozart & das Alphabet
Premiere: 20. August 1991, Stadthalle Heidelberg
Laufzeit: Bis 1996

Musik: Wolfgang Amadeus Mozart
Buch: Hanns Dieter Hüsch
Produktion: Jürgen Kessler
Ensemble: Fünf Solisten des Schlierbacher Kammerorchesters (später: Heidelberger Sinfoniker) unter der Leitung von Thomas Fey. Alternierend besetzt mit: Gregor Hermann, Georgia Höpfner, Ulrike Kruttschnitt, Karl-Heinz Mayer, Matthias Metzger, Michael Neuhaus, Gernot Nutzenberger, Dagmar Puttkammer, Jochen Steyer

Hommage an den Komponisten in Form eines künstlerischen Psychogramms. Auftragsarbeit für die Heidelberger Mozart-Woche zum 200. Todestag des Komponisten nach einer Idee von Thomas Fey und Jürgen Kessler. Verspielte phantastische Collage, die auf Wortassoziationsmalerei von A bis Z basiert und deren roter Faden der Lebensweg Mozarts bildet. Für dieses Programm entsteht nach langer Abstinenz wieder ein Hagenbuch-Text, und »Frieda« wie »Ditz Atrops«, der Mozart ja persönlich gut gekannt hat, geben sich ein Stelldichein, bevor Hüsch zum Schluß die »Kleine Nachtmusik« andirigiert. 1992 führt eine dreiwöchige Tournee durch Deutschland, Schweiz und Liechtenstein.

Dirigent HDH und sein Kammerorchester, hier mit Dagmar Puttkammer, Ulrike Kruttschnitt, Gregor Hermann, Michael Neuhaus, Georgia Höpfner

167

Haye Brian

...

HÜSCH TRIFFT ROSSA

Untertitel: Kabarett-Frühschoppen mit Literatur
Premiere: 11. April 1992, Senftöpfchen-Theater, Köln

Musik: Maria Kliegel
Mit: Kurt Rossa (Oberstadtdirektor a. D.)

Ein- bis zweimal im Jahr exklusiv für das Kölner »Senftöpfchen-Theater« veranstaltete Sonntags-Matinee.

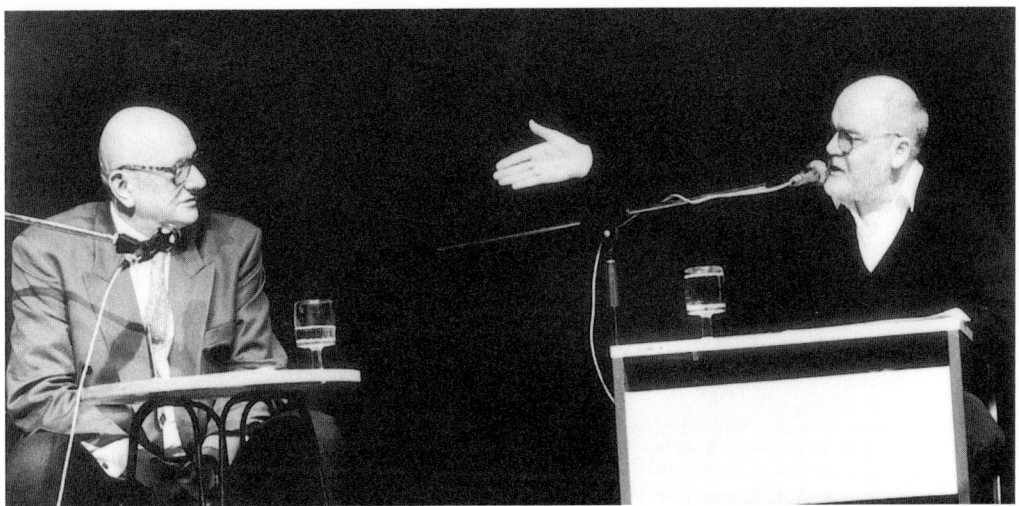

Sonntags-Matinee mit Kurt Rossa im Senftöpfchen-Theater Köln

AUS DEM BLAUEN

Untertitel: Concerto Grosso Nr. 0 oder Wort-Musik-Improvisationen
Premiere: 23. März 1993, Mousonturm, Frankfurt/Main
Laufzeit: Bis Juli 1993

Mit: Gerd Lisken
Coach: Jürgen Kessler

Experimentelles, nur wenige Male aufgeführtes Sonderprogramm. Am Klavier: Jugendfreund Gerd Lisken, Professor für neue Musik an der Universität Bielefeld. Ein an die Anfangsjahre des Kabaretts erinnerndes künstlerisches Wagnis, als aus dem Zusammenwirken von Künstlern verschiedener Sparten auf dem »Brettl« jeden Abend ein anderes, neues, zweckfreies Spiel der Phantasie entstand. Hüsch ohne Text, Lisken ohne Notierung improvisieren vor Publikum. Jeder für sich und aufeinander reagierend, ohne vorherige inhaltliche Absprache oder vorgegebenen Ablauf, quasi »aus dem Blauen« heraus.
Deine Phantasie möchte ich haben, sagte sie. Wir leben davon, sagte er...

Gerd Lisken
Einige Bemerkungen zum Thema: HDH und die Musik.

Zur Einstimmung 2 Szenen:

1. Szene: ein gutbürgerliches Wohnzimmer um 1940 in Moers. Am Klavier der 15jährige Hans Dieter (noch mit einem »n«). Er spielt ohne Noten, eine rhythmische, harte, ostinate Musik mit metallischem Klang (in den Filzen stecken Heftzwecken!), der vor allem durch die unerbittliche linke Hand angeheizt wird. Strawinsky und Jazz klingen an – aber es ist seine eigene Musik, die auch den Körper in Schwingung versetzt. Er spielt, als sei das Klavier eine Art Schlagzeug (siehe Hindemith, »Suite 1922«). Ich, der 3 Jahre Jüngere, stehe irgendwo im Zimmer und höre fasziniert zu.

2. Szene: die Bühne des »Kom(m)ödchens« in Düsseldorf, Mitte der 90er Jahre, ein Alltagsmorgen. Wir proben das experimentelle Programm »Aus dem Blauen«. Hanns Dieter hat eine Operation hinter sich und beginnt, dieses Erlebnis in improvisierten, gesungenen Versen zu gestalten. Er benutzt dazu die Blues-Tonleiter und geht auf der Bühne rhythmisch auf und ab. Ich stehe am Flügel, mache Response-Einwürfe mit der Stimme, tupfe einige Akkorde, schlage Rhythmen mit den Händen. Es entsteht ein dichter, aktueller Blues. HDH schmeißt sich mit seiner baritonalen, ausdrucksstarken Stimme in

die Situation und genießt die Spannung zwischen Archaik und Ironie.

Zwei quasi »apokryphe« Szenen – dazwischen über 50 Jahre eines reichen künstlerischen Lebens. Meine These: Wenn man über das Leben von HDH reden will, muß man auch von der Musik reden.

Insoweit Hüsch Kabarettist ist, mag es nicht überraschen, daß er auch mit der Musik operiert, ohne die Kabarett ja nicht denkbar ist. Es gibt sehr viele charakteristische Beispiele dieses Genres von ihm: rührende und aufrüttelnde, aggressive und komische. Er ist sein eigener Texter, Komponist, Sänger und Pianist. Aber was noch interessanter ist: Er geht über die bekannten Formen hinaus, erweitert sie, sprengt sie bis in die Bereiche des Experiments mit Klängen der Moderne und Techniken der Collage. Auch die Rolle der Sprache ändert sich: Sie wird zur Partnerin der Musik, es entsteht eine Art Dialog.

Schließlich beobachte ich in den letzten Jahren eine weitere Veränderung: ein Zurückgehen des Musikalischen bis zum Nullpunkt. Hüsch wird gute Gründe dafür haben. Er hat seine ästhetischen Standpunkte immer klar definieren können. Vielleicht ist es das Bedürfnis nach Reduktion auf das Wesentliche oder der steigende Anspruch, vielleicht auch die Angst vor falscher Gefühligkeit. Wie auch immer: Ich bedaure diese Abstinenz und wünsche mir den »Gesamtkünstler« Hüsch zurück, der mit Wort, Klang und Szene gleichermaßen operiert.

RISIKO-TOURS. LITERARISCH-KABARETTISTISCHE DUETTE

Premiere: Frühjahr 1993, Senftöpfchen-Theater, Köln
Laufzeit: Bis Herbst 1993

Mit: Wendelin Haverkamp
Musik: Freddy Matulla

Sonderprogramm, insgesamt etwa zehn Auftritte; basierend auf der seit 1986 vom WDR produzierten Hörfunkreihe »Sage und schreibe: Hüsch & Haverkamp« (monatliche 30-Minuten-Folgen); Hüsch agiert darin in der Rolle des »Niederrheiners«, der Aachener Kabarettist Haverkamp als »Anton Hinlegen«; die Duette sind eine Mischung aus Nonsens und politischer Satire, wobei Hüsch eher für den »philosophischen Unfug« zuständig ist.

Mit Wendelin Haverkamp

MEINE LIEBLINGE

Premiere: Frühjahr 1993, Senftöpfchen-Theater, Köln

Sonderprogramm für das Senftöpfchen-Theater, Hüschs Kölner »Hausbühne«, seit er Ende der achtziger Jahre »den Dom gewechselt« und seinen Wohnsitz etwas weiter nördlich am Rhein genommen hat. Eine Auswahl eigener Lieblingstexte und -lieder.

Blödsinniges Lied

Und nun kommt wieder dieses blöd-
  sinnige Lied
In dem nichts passiert, wo gar nichts
  geschieht
Keine Handlung und kein Rezept
Ein Lied, das man so mit sich schleppt

Und nun kommt wieder dieses blöd-
  sinnige Lied
In dem man nichts erkennt, aus dem man
  nichts ersieht
Kein Programm, das man auf
  Hauptstraßen singt
Ein Lied, das man alleine swingt

Die Sache ist doch diese, daß
Immerhin, wenn auch nicht sofort, sofort
Aber deshalb daher ohnehin
Das wär doch ein Anfang ein Anfang ein
  Sinn

Seht doch die Greise in Parks auf den
  Bänken
Sie ziehn ihre Kreise mit Stöcken und
  denken:

Zuletzt ist dann ein Stimmengewirr
Mit Wenn und Aber und wütend und irr
Dazwischen helle Momente
Wo man hätte und sollte und könnte

Dennoch haben wir ja außerdem
Natürlich die Dinge sind immer im Fluß
Und möglich, daß doch im Laufe der Zeit
So etwas wie hauptsächlich kommen muß

Glaube und Zweifel, Gehorsam und
  Zuflucht
Und Wahnsinn und Triebkraft
Und Ehrgeiz und Kälte

Damals als Bub sicher anders und
  Kunststück
Das Leben und nicht nur das Ihre und
  meine
Hat viele verschlungene, die aber dann
  doch

In der Gesamtheit, verstehn Sie, die Keine
Ich meine entsprechend und unbedingt
  nötig
Ein reiches und immerhin dichtes Gemüt
Daß dann sich die Welt entfaltet und
  sammelt
So daß sich für jeden ein Stückchen
  eröffnet
Wenn nicht die Vielfalt ihn gänzlich
  verfinstert
Den Atem, so daß sich sozial die
  Bindungen sperren
Verstehn Sie, sich sperren in dieser Frage
Die wir uns alle doch stellen müssen

Datum und Klammer, Erbarmen und
  Seele
Und Totschlag und Lächeln und Witz und
  Befehle

In diesen Tagen ist doch jeder von uns
Politisch und auch unterdessen mit sich
Und kann sich inzwischen, wo immer es
  sei
Das Interesse als Kernstück für dich und
  für mich

Man kann da nur sagen, da muß man sich
  doch
Na schön dann, ich meine das Ganze zum
  Teil
Im Gespräch doch auch eine Lösung zu
  sein
Mal völlig von vorne und dann wieder
  weil…

Mündlich und leise, zufrieden und einsam
Enttäuscht und begeistert und nichts und
  gemeinsam

Das scheint mir insofern als Standpunkt
  zu gelten
Und müßte man klären und weiterhin
  möglich
Zu machen indem man die
  Ausgrabungsreste
Ein gutes Gefühl und wenn auch
  Bedenken

Ich glaube, wie bitte, natürlich ist alles
Und nicht nur in Zeiten die gänzlich
  verschwunden
Eigentlich schon in den frühen Kulturen
Wie bitte natürlich die bittersten Stunden

Seht doch die Vögel am Himmel sie
  schweben
Und fallen und steigen und sterben und
  leben

Und singen auch dieses blödsinnige Lied
In dem nichts passiert, wo gar nichts
  geschieht
Keine Handlung und kein Rezept
Ein Lied das man so mit sich schleppt

Irrtum und Krankheit und Mozart und
  Trauer
Und Zufall und Hoffnung, Geduld und
  Verderben

Während und halbwegs und ziemlich und
  nächstens
Bestätigt, beglaubigt und schriftlich
  vererben

Krankheit und Kunst und Sand und
  Gesänge
Immerhin wichtig und Stellung
  genommen
Keinesfalls in den Plänen zu finden
Wenn auch getanzt und gelacht und
  geschwommen

Ja dies war dieses blödsinige Lied
In dem man nichts erkennt, aus dem man
  nichts ersieht
Kein Programm, das man auf
  Hauptstraßen singt
Ein Lied, das man alleine swingt:
Schab schabab schabab schab schabab
  schabab

Alexandra und Alexandra Franziska Kassen
Hüsch schaut immer rein

Also auf dem Weg zum Bahnhof oder vom Bahnhof.

Das hat etwas ganz Vertrautes, Freundschaftliches, Familiäres. Dann fährt er nach oder kommt von Mainz… oder von sonst irgendwo in der Welt auf einen herzlichen Gruß, auf einen kleinen Gedankenaustausch.

Erfährt er dabei, daß irgend jemand von unserem Theater zufällig Geburtstag hat, kommt er mit einem hübschen Blumenstrauß noch einmal zurück. Das geht natürlich nur, wenn er vom Bahnhof kommt.

Oder die Hochzeit von Hanns Dieter Hüsch und Chris Rasche bei uns im Senftöpfchen, vielmehr die nächtlichen Vorbereitungen zur großen Feier mit Freunden: schmücken, Tische dekorieren, Stühle hin und her schleppen. Hanns Dieter kommt nach einem Auftritt so kurz nach elf ins

Theater, stellt Kerzen auf die Tische und streut Sternchen drumherum. Er ist auf eine ganz selbstverständliche unkomplizierte Weise da.

Also Hüsch ist immer Hüsch. Und das lieben wir an ihm.

Ob auf der Bühne oder dahinter. Damit gehört er zu einer eher seltenen Spezies von Künstlern.

Als er das letzte Mal bei uns reinschaute, sprachen wir darüber, daß man es einfach nicht allen recht machen kann, auf dieser Welt sowieso nicht, und als Künstler eh nicht.

Hanns Dieter – der Philosoph – faßte seine Gedanken so zusammen:

»Auf meinem Grabstein wird stehen:

Die einen werden sagen: Er hat zuviel gemacht.

Die anderen werden sagen: Er hat sich zuwenig bewegt.

Ich aber sage euch: Laßt mich in Ruh'!«

Dann mußte er auch schon zum Zug.

Vorpremiere: 22. November 1993, Aula der Hauptschule Burscheid
Premiere: 6. Dezember 1993, unterhaus
Laufzeit: Bis Mai 1997

Bühnenbild/Idee: Frank Heinz (Konstruktion), Jürgen Kessler, Hanns Dieter Hüsch
Bühnentechnik/Abendregie: Peter Neumann

Rückkehr auf politisches Terrain. Symbolisch setzt Hüsch beim Betreten der Bühne die mittlerweile als Markenzeichen des altersweisen Hüsch vertraute rote Clownsnase ab. Nicht mehr als still-vergnügt-heiterer Narr, sondern als altersweise distanzierter, gelegentlich grantiger Clown prä-sentiert er sein viertes, im Grundtenor politisches Programm; dazu wieder, wie schon bei »Eine schöne Gesellschaft« (Orgel statt Klavier) und »Ein neues Programm« (Festtafel) mit ungewohn-tem, neuen Bühnenbild: Die Orgel ist eingebaut in einen überdimensionalen metallic-kühlen De-signer-Schreibtisch, garniert mit Glöckchen, Holzhammer, Schellenkranz und Mundharmonika als Requisiten. Vom Band spielt Hüsch seine sogenannte »Weltmusik« ein (Klangteppich aus Nachrichten, Musik, Werbungs- und Gesprächsfetzen). Applaudiert das Publikum, greift er zum Schellenkranz.
Formal eine Steigerung der Collagetechnik aus »Carmina Urana«, zappt er in abrupten Schnit-ten zwischen unterhaltenden Alltagsgeschichten, lyrisch-poetischen Passagen, aphoristischen Ge-dankenfetzen (Zitate aus der Erklärung der Menschenrechte, der Bibel, von Gottfried Benn, Ernst Bloch, Vacláv Havel und anderen) und ernsten Passagen hin und her. Das Thema ist die Gefahr,

»Ein neues Kapitel« in der Münchener Lach- und Schießgesellschaft, im sogenannten Laden

FLUCH-BLATT

EIN NEUES KAPITEL
IST OFT
EIN LETZTES KAPITEL
DIE ZEIT LÄUFT AB
DIE WELT STEHT KOPF
DIE GESCHICHTE IST KRANK
DIE SÄUGETIERE SIND RATLOS
GOTT IST ES LEID
DIE SEUCHEN SIND AUF DEM VORMARSCH
DIE VÖLKER BEGINNEN ZU WANDERN
DIE ERDE HAT ANGST
MENSCH
MACH DIR KLAR DASS DU JETZT DRAN BIST
DASS VIELLEICHT SCHON BALD
DEIN GUATEMALTEKE IM VORGARTEN STEHT
UND DURCH DIE HINTERTÜR DEIN KURDE KOMMT
UM DICH ANS KREUZ ZU NAGELN
DENN SIE HABEN LANG GENUG GEWARTET
AUF DAS STÜCKCHEN BROT DAS DU ACHTLOS WEGWARFST
UND AUF EINE KLEINE ANSTÄNDIGE BEHANDLUNG
AN LEIB UND SEELE
MACH DIR KLAR MENSCH
DASS DER UNTERGANG DES MITTAGSSCHLÄFCHENS
BEGONNEN HAT
KARIBIK AUF DIE SCHNELLE
SEIDENER JOGGINGANZUG
KLASSIK IM FREIEN
LACHS MIT POMMES
UND IMMERZU VOLKSMUSIK
WOMÖGLICH BIS ZUM LETZTEN ATEMZUG
DAS WIRD VORBEI SEIN
DIE REISE NACH SODOM WIRST DU STORNIEREN MÜSSEN
MENSCH
DU HATTEST IMMER EINE AUSREDE ZUR HAND
EIN BETTLER WAR IMMER EIN FALSCHER BETTLER
DAS SIEHT MAN DOCH
HAST DU GESAGT
DASS DER BART ANGEKLEBT IST
DAS SIEHT MAN DOCH AN DER GANZEN HALTUNG
DIE HAT ER BESTIMMT STUNDENLANG EINGEÜBT
WAHRSCHIENLICH HAT ER UM DIE ECKE
EINEN DICKEN WAGEN STEHN
BESTIMMT SOGAR
DAS SIEHT MAN DOCH HAST DU GESAGT
UND BEGINGST
BETTLERFLUCHT

DOCH DIESMAL KOMMST DU NICHT SEHR WEIT
EIN SCHMUTZIGER HIMMEL WIRD WIE EIN ZIRKUSZELT
ÜBER DICH KOMMEN
UND DU STRAMPELST DARIN WIE EINE ALTE FLIEGE
IM SPINNENNETZ
DU WOLLTEST NICHT MIT ALLEN LEBEWESEN GLEICH SEIN
DU WOLLTEST IMMER MEHR ALS ALLE HABEN
DU WOLLTEST NICHT MAL DEINE ÜBERFLÜSSIGE HABE
MIT VIELEN TEILEN
DIE SICH ZU TODE KRÜMMTEN
DIE GAR NICHT MAL ZUM LEBEN KAMEN
DU HAST MIT ANGESEHEN WIE KINDER UND TIERE
IN MÜLLTONNEN GEWORFEN WURDEN
DU BIST NICHT AUFGESTANDEN
UND HAST DEINEN POLITISCHEN DAMEN UND HERREN
DIE TÜREN EINGERANNT
SIE ANGEFLEHT
DER GRAUSAMKEIT IM ELEND EIN ENDE ZU BEREITEN
DU HAST NUR IMMER SO GETAN
ALS WÜSSTEST DU VON NICHTS
DOCH ALLES WUSSTEST DU
ALLES VON MORGENS BIS ABENDS
UND IN DER NACHT KAMEN DIE BESTIEN
UND VERGEWALTIGTEN DIE FRAUEN
UND DU HAST NUR GEDACHT: WIE FURCHTBAR
HAST NICHT GESAGT:
ES IST AUCH MEINE SCHULD
BIST NICHT HERUMGELAUFEN UND HAST GESCHRIEN:
MACHT EIN ENDE!
ICH ÜBRIGENS AUCH NICHT
UND ES IST AUCH MEINE SCHULD
DRUM LOS
KOMMT AUF DIE BEINE
KOMMT WIR VERSUCHEN ES NOCHMAL
MIT UNSEREN KLEINEN WAFFEN
MIT WORT UND LIED
DASS AUS DEM WEINEN LACHEN WIRD
TROST UND VERSÖHNUNG
EIN NEUES KAPITEL
KANN AUCH
EIN ERSTES KAPITEL SEIN.

HDH
Im Sommer 1993

175

die dem Menschen durch den Menschen droht (Überbevölkerung, Intoleranz gegenüber dem Fremden). Erstmals erscheint in diesem Programm Hüschs neue Kunstfigur: Der »liebe Gott«, den er in Dinslaken getroffen hat.

Gründlich daneben ging die damalige Ankündigung des Programmes als (erst) 53. Bühnenprogramm.

Aus den Pressestimmen:

… Wenn man aus der Polyphonie seiner Texte immer wieder den Cantus firmus »Liebet Eure Feinde« heraushört, so wird das deshalb nie langweilig, weil er wirklich mit Menschen- und Engelszungen reden kann. Wie ein guter Prediger nutzt Hüsch die Gunst des Publikums für seine immer gleiche Sache, den Kampf für mehr Menschlichkeit… Da geht es um Überbevölkerung, Zuwanderung, Ausländerhaß und Homosexuellen-Ehen. Zu lachen gibt es plötzlich nicht mehr viel. Denn Hüsch nimmt die Schärfe dieser Gedanken nicht durch Komik zurück… Daß sich sein humanistischer Vorsatz, den Liebenden und Sterbenden zu helfen und alle Geschöpfe zu achten, nur schwerlich in den Reigen seiner liebenswerten Alltagsgeschichten integrieren läßt, weiß Hanns Dieter Hüsch nur zu genau – und macht sich einen Spaß daraus, die Gegensätze aufeinanderprallen zu lassen.

Mit Ministerpräsident Kurt Beck in der »unterhaus«-Garderobe

Kurt Beck

Es war zu Hause in meinem Heimatdorf, als ich Hanns Dieter Hüsch kennenlernte. Im Wohnzimmer.
Er gehörte zu unserem Familien-Sonntag wie der Braten und der Kuchen.

»Der Goldene Sonntag« hieß die Fernsehserie, die einzige Sendung, die sonntags bei uns eingeschaltet wurde (außer der Sportschau).
Den Kabarettisten Hanns Dieter Hüsch habe ich erst später gesehen, im »unterhaus« in Mainz. Nach der Vorstellung

stand er noch an der Theke, nahm die Freundlichkeiten des Publikums entgegen. Ich hätte ihn gern angesprochen, habe mich aber nicht getraut.

Inzwischen traue ich mich.

Ich bin immer wieder gern Publikum, habe Hüsch-Sätze im Kopf, bestaune seine genauen Beobachtungen und lache über seine liebenswerten Albernheiten – und habe die größte Achtung vor seiner moralischen Haltung. Hanns Dieter Hüsch ist ein Klassiker.

Schön finde ich, daß dieser fahrende Poet oft in Rheinland-Pfalz haltmacht. Ich hoffe, daß ein bißchen Heimweh dabei ist, die langen Mainzer Jahre wirken nach. Das Land hat ihn mit der höchsten literarischen Ehrung bedacht, der Carl-Zuckmayer-Medaille »für Verdienste um die deutsche Sprache«.

Sein Engagement will ich rühmen. Er hilft einer Obdachlosen-Initiative in Mainz, ist aktiv für ein Naturschutzgebiet am (natürlich) Niederrhein.

Hanns Dieter Hüschs Engagement hat mir auch ganz persönlich geholfen, im Landtagswahlkampf in Rheinland-Pfalz. Danke, Hanns Dieter, auch dafür und für alles!

LESUNGEN AUS SEINEM BUCH: WIR SEHEN UNS WIEDER

Erstlesung: 11. Mai 1995, Lach- und Schießgesellschaft, München

Laufzeit: Bis 1997, zumeist als Matinee

Eine Geschichte zwischen Himmel und Erde, in der »der liebe Gott« den Menschengeschichtenerzähler Hanns Dieter in den Himmel einlädt.

Aus den Pressestimmen:
…Der Wechsel von einer liebesbestimmten, gleichwohl dominant skeptischen Weltsicht zu der Verbindung dieser Sicht mit der tröstenden Hoffnung des Glaubens, ist in einer ästhetischen Verarbeitung ablesbar: War es in den siebziger Jahren und frühen achtziger Jahren die Figur des kindlich verrückten »Hagenbuch«, mit dem Hüsch seine Sicht einer absurden Welt auf die Spitze trieb, so hat er mit dem in Dinslaken getroffenen »lieben Gott« eine Kunstfigur eingeführt, die seine Entwicklung widerspiegelt. Wiederum in kindlich närrischer Markierung beschreibt Hüsch nun Gott selbst, mit-menschlich, mit-leidend und mit-hoffend und damit allumfassend-liebend an seiner Seite, wenn es gilt, das Leben in einer fraglichen Welt zu bestehen.

Cathérine Miville

… da sitzt er wieder. Sein Programm, recht angefledderte, bedruckte Blätter mit handschriftlichen Notizen und großen Seitenzahlen, liegt ordentlich und neu sortiert vor ihm. Daneben frische Blumen, Nagelschere, gebügeltes Taschentuch und natürlich das Brettchen mit seinem obligaten Salamibrot, das er sich vor der Vorstellung trotz aller Blutfettwerte-Diskussionen nicht nehmen läßt. Allabendlich geht er in der Küche das Brot bestellen, nein, darum bitten, erkundigt sich bei den Mitarbeitern nach dem Fortgang des Studiums oder nach dem Husten des Kindes

und hört sich auch die Antworten interessiert an. Während er dann mit Bedacht am Schreibtisch in der Garderobe sein Brot schneidet, unterhalten wir uns – über Cholesterinwerte, über den Tag, sein Tagespensum, das er mit Akribie plant und einhält, über die vielen Schulfreunde, Neffen von ehemaligen Hörfunkredakteuren oder Nachwuchs-Fotografinnen, die alle noch mit ihm Mittagessen oder Kaffeetrinken möchten, »wo er doch mal in der Stadt ist«. Und dann zieht er wieder einmal seinen Terminplan raus. Dieses hinfällige Stück A4-Papier, vorne das erste Halbjahr, hinten das zweite, kleine Felder für jeden Tag und alle restlos vollgeschrieben, die Ränder eingerissen, die Faltstellen kurz vor dem Zerfall. Aber auf diesem Stück Papier ist alles festgehalten. In krakeliger Schrift stehen da Vorstellungen, Sendungen, Predigten, Arzttermine, Lesungen... und die zehn Tage Urlaub mit Chris... Alles ist vermerkt. Und dann sitzt er da, schaut über die Wochen und freut sich, daß er am Sonntag (dem eigentlich freien Tag!) um 10.30 Uhr zur Predigt in der Kirche von Mützenich sein wird. Nach der Predigt in der Diaspora dann schnell ein kurzer Abstecher nach Köln. Für den WDR wird am Nachmittag eine Hörfunksendung über Schubert aufgenommen. Großer Sendesaal, Publikum, Chor, Orchester etc.... Schon die ganze Woche arbeitet er daran, liest, konzipiert und schreibt, streng nach Plan, denn am Sonntag ist ja die Aufnahme. Am Montag wieder zurück, erzählt er vom Wochenende »... och ja doch doch es ging alles ganz gut...« Er war sogar kurz zu Hause. Und nun sitzt er da in der Garderobe, die Blätter für die Vorstellung geordnet, der Pullover ist zurechtgezupft, die Uhr an der Kette aufgezogen. Nun sitzt er also da, wartet , bis er zur Vorstellung gerufen wird, freut sich, daß wieder ausverkauft ist. Nein, auch heute noch ist es für ihn nicht selbstverständlich. Auch heute noch ist er vor der Vorstellung leicht unruhig. Wie wird es laufen? »... es ist ja ein bißchen anders, das Programm...«. Zur Pause wird er in die Garderobe zurückkommen, seine wachen Augen werden verschmitzt über den Brillenrand gucken, und er wird feststellen: »Oh doch doch es geht...« Nach Vorstellungsende wird er sofort Chris anrufen, berichten, wie es war. Nun ist es acht Uhr, ich begleite ihn zur Bühne. Ein warmer herzlicher Applaus empfängt ihn... ob sie ihn mögen werden... oh doch doch es geht schon... Ich stelle mich an den Vorhang, höre das Klappern seiner Fingernägel auf den Tasten. Es übertönt beinahe den etwas altersmüden Klang seiner legendären Orgel, der einzigen Orgel mit eigenem Fahrer, Baujahr jawasweißich. Schon mit den ersten Klängen und Blicken erreicht er die Zuschauer. Sie strahlen ihn an und werden einen Abend lang mit ihm den Weg seines emotional wechselhaften Programms gehen. Ich erinnere mich noch an sein erstes Gastspiel im Laden. Da war er schon »der Hüsch«, anerkannt, geachtet, verehrt... Damals saß er in derselben Garderobe wie heute, war graugrünlich im Gesicht, »über zweihundertmal hab ich jetzt das Programm schon... aber dieser Laden... jaja doch doch...« Und wir vom Laden! Für uns war es genauso aufregend. Hüsch auf unserem Brettl, das war vom ersten Mal an etwas ganz Besonderes. Und das ist es bis heute geblieben. Hanns Dieter im Haus, das strahlt auf alle ab. So ist es kein Zufall, daß seine Plakate in unserem Büro von Gastspiel zu Gastspiel hängen bleiben. Ein bißchen wollen wir ihn halt bei uns behalten, bis er wiederkommt, seine Orgel auf die Bühne stellt und sein Salamibrot abholt. Bis er eben wieder bei uns ist, hier im Laden für zwei Wochen zu Hause...

Premiere: 19. Juni 1995, Haus der Springmaus, Bonn
Laufzeit: Bis 1998 geplant

Hüsch präsentiert sich in diesem Programm fast ausschließlich als Meister der pointierten All-
tagsbeobachtung (»Sie müssen bei uns im Schrank gesessen haben«). In rund 40 neuen Geschichten (so der anfängliche Titel) ironisiert er menschlich-allzumenschliche Verhaltensweisen.

Aus den Pressestimmen:
… denn hat nicht gerade Hüsch, in den letzten Jahren mehr als zuvor, die Forderung von '68: das
Private politisch und das Politische privat zu machen, zumindest als Kabarettist verwirklicht wie
sonst keiner? Seine Gedanken über das Allgemein-Menschliche, das Woher, Wohin und Warum
taugen zwar nicht als aktuelle politische Kommentare, aber sie halten im rasenden Fortgang der
Geschichte für einen Augenblick die Zeit an.
… Er verkürzt seine Sichtweise eben nicht nur auf die Beobachtungen der kleinen »Widrigkeiten«
der alltäglichen Lebensbewältigung, sondern problematisiert von seinen lebensweltlichen Beob-
achtungen her auch das eigene existentielle Weltverständnis sowie die soziale Beziehung zur
Mit-Welt und bringt theologische Deutungen mit ins Spiel.

Älter werden

Ich sage immer
Man sagt ja viel im Leben
Aber ich sage trotzdem immer
Je älter ich werde desto leichter werde ich
Je älter ich werde desto progressiver
    werde ich
Obwohl mir die Progressiven inzwischen
    genauso suspekt sind
Wie die Konservativen
Das kommt davon wenn man älter wird
Daß sie mir alle ziemlich suspekt sind
Am suspektesten sind mir die Wichtig-
    nehmer
Nicht die Wichtigtuer
Ich bin ja selber einer
Nein die Wichtignehmer das sind mir die
    Suspektesten
Glauben Sie mir
Je älter ich werde und zwar von Tag zu Tag
Desto suspekter wird mir alles
Je älter ich werde desto leichter werde ich
    aber auch
Wahrscheinlich weil mir alles suspekt ist

Und dann braucht nur noch jemand zu
    kommen
Und zu sagen
Und wenn Sie sich jetzt noch – lieber
    Hüsch – den Bart abnehmen
Sehen Sie gleich zehn Jahre jünger aus

Jaja sage ich
Und wenn ich mir dann noch ein Ohr
    abnehme
Bin ich gleich wieder vierzehn
Und Sie können mich neu konfirmieren
    lassen
Obwohl ich zugegeben
Immer noch einen achtzehnjährigen
    römischen Kaiser
Spielen könnte
Gar keine Frage
Ich weiß nicht ob Sie die Serie gesehen
    haben
Gar keine Frage
Die Rolle hätte ich gerne gespielt:
Caligula was machst du auf Capri?
Ich besuche unseren Onkel Tiberius
Wirst du ihn ermorden?

Meine Geschichten

Wahrscheinlich Claudius wahrscheinlich
Und was machst du?
Ich schreibe immer noch an der
    Geschichte Karthagos
Komme nur schlecht voran
Wegen der vielen Elefanten
Aber es läßt mich ja keiner einen
    römischen Kaiser spielen
Denn sofort kommt wieder einer und will
    mir jetzt schon
Den sogenannten Lebensabend in die
    Wiege legen
Nein ich möchte das nicht!
Ich möchte auch mit der Weisheit noch
    nichts zu tun haben
Noch nicht!
Das ist mir alles suspekt
Die Weisen sind mir überhaupt zutiefst
    suspekt
Ebenso die Abgeklärten und Gelassenen
Alle sind mir je älter ich werde äußerst
    suspekt

Nein, ich möchte mit der Seele eines
    Hundertjährigen
Und dem Herzen eines Knaben
Immer noch durch die Städte rasen
Und eine ganz neue Dialektik erfinden

Aber wetten daß wieder einer daher-
    kommt und sagt
Wenn Sie sich jetzt noch – lieber Hüsch –
    den Bart abnehmen
Sehen Sie gleich zehn Jahre jünger aus
Jaja sage ich
Und wenn ich mir dann noch die Nase
    abnehme
Kann ich gleich in den Leib meiner Mutter
    zurückkehren
So jung bin ich noch nie gewesen
Nein ich möchte diese sogenannten
    Lebensabende noch nicht
Ich möchte noch eine Menge Unsinn
    verbreiten
Der liebe Gott läßt mich schon nicht in
    den Himmel wachsen
Im Gegenteil
Er hat wahrscheinlich schon frühzeitig
    dafür gesorgt
Daß ich je älter ich werde
Immer leichter und nichts-gedanken-
    strich-nutziger bin
Und immer über-gedankenstrich-flüssiger
    werde
So scheint es zu sein
Nein ich weiß es: So ist es
Je älter ich werde.

SUMMERTIME AM NIEDERRHEIN

Premiere: 14. Juni 1995, Rheinberg
Laufzeit: Bis 2000 geplant

Mit: Dieter Nuhr (Moderation), der Simon & Garfunkel Revival Band und wechselnden Gästen, z. B. mit Herbert Knebel, Springmaus-Improvisationstheater, Dr. Stratmann, Bill Ramsey, Urban Priol
Konzept/Abendregie: Jürgen Kessler

Sommerlicher »Bunter Abend« unter freiem Himmel am Niederrhein oder angrenzenden Regionen, bei dem die Mitwirkenden im wesentlichen solistisch agieren. Hüsch steht dabei als niederrheinischer Geschichtenerzähler im Mittelpunkt. Dank Hüschs guten Beziehungen zum lieben Gott spielte das Wetter an allen Abenden mit.

Kleinkunst, Chanson und Kabarett
sind dann nur große Kunst geworden
und geblieben
Wenn Euphorie und Disziplin, Ekstase
und Bescheidenheit
Geduld und rigorose Täume von einem
besseren Jahrhundert
In einem Kopfe münden.

Dann wird die kleine Kunst, zwar oft
schon totgesagt,
Kein Ende finden
Im Gegenteil die Heiterkeit wird immer
allgemeiner
Dank dieser Tugenden von wenigen
Künstlern.

Franz Hohler, HDH

KABARETTISTISCHE MEISTERSTÜCKE

Premiere: 20. April 1996, Weserberglandhalle, Hameln
Laufzeit: Bis September 1998 geplant

Zusammen mit: Franz Hohler
Idee: Jürgen Kessler

Im Unterschied zum Programm aus 1983 treten die beiden Großmeister des literarischen Kabaretts diesmal mit ihren Instrumenten auf. Neben den eigens für dieses Programm geschriebenen
Duo-Sketchen präsentieren sie einzelne Nummern, die oftmals das Thema des anderen variieren.

8. Mai 1997

HOTEL
HAMMER
MAINZ

Bahnhofsplatz 6 · 55116 Mainz
Telefon (0 61 31) 61 10 61
Telefax (0 61 31) 61 10 65

Lieber Hanns Dieter,

ich sitze im Hotel Hammer, das Briefpapier kommt Dir wahrscheinlich bekannt vor.

Morgen spielen wir unser gemeinsames Programm, und ich freue mich darauf.

Als ich Dich in meiner Gymnasialzeit zum erstenmal am Radio hörte, dachte ich: So etwas möchte ich auch einmal machen.

Wenig später reiste ich nach Basel, um Dich auf der Bühne zu sehen, und als ich nach Hause fuhr, wusste ich: So etwas werde ich auch einmal machen.

Du hast damals einen jungen Menschen beim Träumen geholfen, in einer Zeit, die dem Träumen so wenig zugetan war wie die heutige.

Dass wir sogar zusammen träumen würden, wie morgen, wagte ich allerdings nicht zu hoffen, und deshalb freu ich mich jedesmal besonders darauf. Fast wie ein Kind.

Dein Franz Hohler

Summertime 1997 mit: Thomas Heinke, Michael Frank, Dr. Stratmann, HDH, Bill Ramsey, Urban Priol und Dieter Nuhr

BRAHMS AM NIEDERRHEIN

Untertitel: Ein unterhaltsames Kammerkonzert mit Hanns Dieter Hüsch
Einzige Aufführung: 19. Januar 1997, Franziskanerkloster, Viersen

Auftragsarbeit für den »Niederrheinischen Herbst«; eine Collage aus Briefen und anderen Äuße-
rungen des Komponisten über den Niederrhein, ergänzt mit eigenen Texten.

SACH MA NIX

Untertitel: Niederrheinische Geschichten
Premiere: 1. September 1997, Senftöpfchen-Theater, Köln
Laufzeit: Bis 2000 geplant

Für die Statistik: Das Abzählen der in schwarzen Balken dargestellten Programmtitel ergibt die
Zahl 75. Das Addieren der Jahre, in denen Hüsch bisher auf der Bühne stand, ergibt die Zahl
50. Schöner Aufhänger für Journalisten, nicht? Der Chronist bleibt bei soviel Kreativität und Rast-
losigkeit unsicher: Hoffentlich stimmt's diesmal. Die schiere Vergeßlichkeit hat Künstler und Chronist ja schon manches Schnippchen geschlagen.

184

Für Hans Dieter

Du hieltst mich hoch
als mich keiner kannte.
Du hieltst zu mir
als mich keiner mehr kennen wollte.

Dankbar
will ich Dir
weiter folgen

Konstantin Wecker

Probe mit Konstantin Wecker

Mit Ehefrau Christiane »Chris« Rasche-Hüsch

Und was war und ist noch?

Am 6. Mai 1990 empfängt Hüsch mit Chris, seiner Lebenspartnerin, die er ein Jahr später heiratet, über 600 Gäste an einem schönen sommerlichen Abend in der Kölner »Wolkenburg« zu seinem fünfundsechzigsten Geburtstag. Im selben Monat erscheint seine Autobiographie: »Du kommst auch drin vor. Gedankengänge eines fahrenden Poeten« und wird ein Bestseller. Hüsch kommt in diesem Jahr auf 275 öffentliche Auftritte, eine Zahl, die auch in den folgenden Jahren nicht wesentlich unterschritten wird. Weitere Bücher, neue CD-Produktionen, zahllose Mitwirkungen in Funk und Fernsehen als Autor, Sprecher, Moderator, Schauspieler und Kabarettist füllen die Jahre, die

durch die Fülle der Ereignisse im Fluge dahinzugehen scheinen. Im Mai 1995 feiert Hüsch seinen siebzigsten Geburtstag. Der Saarländische Rundfunk veranstaltet eine Fernseh-Geburtstagsparty mit Kollegen und vielen Gästen.

An weiteren Ehrungen verzeichnet der Chronist bis Mitte 1997:

Die Carl-Zuckmayer-Medaille des Landes Rheinland-Pfalz für hervorragende Verdienste um die deutsche Sprache am 22. Januar 1989. 1990 erhält Hüsch den Kulturpreis der Kreativitätsschule Morenhoven, die »Morenhovener Lupe«, und den »Oorden van et Möökeshüß« der Keppelner Karnevalsgesellschaft »Queekespiere« für Verdienste um Brauchtum und Mundart am Niederrhein. Am 24. Mai 1992 bekommt er in Olten den Schweizer Kleinkunstpreis

»Cornichon«. Vom Finanzamt Bochum-Mitte wird er 1993 als 17. Träger mit der »Goldenen Steuerschraube« geehrt. Im selben Jahr erhält er die Lina Hähnle-Medaille des Naturschutzbundes Deutschland für seine Verdienste um die Erhaltung des niederrheinischen Naturschutzgebietes »Hetter«, dessen Patenschaft unter dem Motto: »Ich hab' eine Schnepfe glücklich gemacht« Hüsch in Zusammenarbeit mit der NRW-Stiftung »Naturschutz, Heimat und Kulturpflege« übernommen hatte. Die Prinzengarde Bockum kürt ihn zum Ehrenritter des närrischen Steckenpferdes. Bereits in den Vorjahren zeichnete die Stadt Wesel Hüsch mit ihrem »Eselsorden« aus, der Landschaftsverband Rheinland verlieh ihm den »Rheinland-Taler«, und die Narrenakademie Dülmen erklärte ihn zum

»Dr. humoris causa«. Im Mai 1995 verleiht ihm die Stadt Moers die Ehrenbürgerwürde für seine hervorragenden Verdienste um die alte Kulturlandschaft Niederrhein und seine Heimatstadt Moers. Im Juli 1995 erhält er den Kasseler Literaturpreis für grotesken Humor, »da er treffend und mit Witz den Blick für das Abgründige des Alltags und das Falsche im Wahren geschärft hat«, so die Jury. 1996 wird ihm der »Große Kulturpreis der rheinischen Sparkassen« zuerkannt (den »Kleinen« erhält auf seinen Vorschlag Lars Reichow, »künstlerischer Ziehsohn« aus Mainz).

»Entweder lehnst du als Kabarettist alle Auszeichnungen ab oder du nimmst alle an. Ich habe mich dafür entschieden, alle anzunehmen«, sagte Hüsch ein für allemal dazu, »das ist mir sympathischer«.

Pate des Naturschutzgebietes »Hetter«

Kleinkunst muß Mut machen, muß trösten, muß sogar Hoffnung spenden, muß auch Lebenshilfe sein. Ich meine Hilfe mit Spaß, mit Ironie und schon sehr unterhaltend. Jedenfalls für mich. Wenn ich die christliche Zuversicht mit dem Brecht-Satz »Wollt nicht in Zorn verfallen, denn alle Kreatur braucht Hilf' von allen« mische und dann noch einen Schuß Entertainment reinbringe, dann haben Sie eigentlich den Hüsch, wo er herkommt und wo er hin will.

Friedrich Schorlemmer, HDH

Friedrich Schorlemmer
Ein Prediger grüßt den »Prediger«

*Eine geradezu kindliche Freude war es für mich, als ich im Juni 1989 – zum erstenmal zum Kirchentag »im Westen« – zu einem Kabarettabend in die »Wühlmäuse« gehen konnte, weil ein Berliner Freund Hanns Dieter Hüsch kannte, Karten organisierte, und ich nach dem Abend mit ihm am Kneipentisch saß. Da saß er also: die-*ser sanft-scharfsinnige »Prediger«, voll Warmherzigkeit, mit dieser eigenartigen Liebenswürdigkeit des Alltäglichen, einer, der allem den Witz des kleinen Hintersinns abgewinnt und unserem grauen Alltag sein humoriges Plauderstündchen schenkt.*
Daß ein Prediger bisweilen zum unfreiwilligen Kabarettisten wird, das leuchtet jedermann ein. Daß ein Kabarettist ein freiwilliger »Prediger« ist, das ist ein

Glücksfall von der selteneren Sorte. Daß man sich über Predigt und Prediger lustig macht und spottet, das ist üblich. Und dazu gibt es Anlaß. Aber hier macht einer den Humor kanzelfähig und sitzt dabei an seiner Orgel. Er sagt die einfachen Dinge einfach! Und die komplizierten auch. Peinlichkeiten, Unschicklichkeiten und Mühseligkeiten des Alltags versteht er mit den Gebrechen der Gernegroßen und den großen Weltfragen zusammenzubringen; ihm kann man keinen Satz wirklich übelnehmen. Wenn Hüsch nunmehr zum Reformationstag im Wittenberger Rathaus gastiert, ist der Saal voller als die Kirche. Hanns Dieter Hüsch habe ich vom NDR auf dem Smaragd (ein DDR-2-Spur-Tonbandgerät von ca. 50 kg Gewicht) in den 60ern aufgenommen und mit Freunden wieder und wieder gehört, etwa das »Wort zum Montag«. Das hat mich angelockt und angesprochen. So kann man die ernsten Dinge auch sagen – ohne daß sie banal werden! So kann man kritisch und selbstkritisch den »heiligen Dingen« gegenübertreten, ohne ätzend, gar zynisch zu werden! Lachen wird befreiend, wo es nicht auf Kosten eines anderen geht, sondern zum Lachen mit ihm werden kann. Das ist das Lösende an Hüsch. Und das ist das, was für mich »Predigt« im besten Sinne ausmacht. Wer wollte indes übersehen, durch wieviel Traurigkeit und Einsamkeit seine Sätze hindurchgegangen sind, wieviel Schmerz dem Lachen vorausgeht?

Sein fünfundsiebzigstes, eventuell doch noch mal geschlossenes Programm ist in Planung unter dem Arbeitstitel:

WIR SEHEN UNS WIEDER

Arbeits-Untertitel: Tschüs zusammen!
Premiere: 14. Dezember 1998, unterhaus
Laufzeit: Bis 31. Dezember des Jahres 2000

(Sach ma nix, wir werden et ja sehen …)

Das Phänomen

Was ist das für ein Phänomen
Fast kaum zu hören kaum zu sehn
Ganz früh schon fängt es in uns an
Das ist das Raffinierte dran

Als Kind hat man's noch nicht gefühlt
Hat noch mit allen schön gespielt
Das Dreirad hat man sich geteilt
Und niemand hat deshalb geheult

Doch dann hieß es von oben her
Mit dem da spielst du jetzt nicht mehr
Das möcht ich nicht noch einmal sehn
Was ist das für ein Phänomen

Und ist man größer macht man's auch
Das scheint ein alter Menschenbrauch
Nur weil ein andrer anders spricht
Und hat ein anderes Gesicht

Und wenn man's noch so harmlos meint
Das ist das Anfangsbild vom Feind
Er paßt mir nicht er liegt mir nicht
Ich mag ihn nicht und find ihn schlicht

Geschmacklos und hat keinen Grips
Und außerdem sein bunter Schlips
Dann setzt sich in Bewegung leis
Der Hochmut und der Teufelskreis

Und sagt man was dagegen mal
Dann heißt's: Wer ist denn hier normal
Ich oder er du oder ich
Ich find den Typ widerlich

Und wenn du einen Penner siehst
Der sich sein Brot vom Dreck aufliest
Dann sagt ein Mann zu seiner Frau
Guck dir den Schmierfink an die Sau

Verwahrlost bis zum dorthinaus
Ja früher warf man die gleich raus
Und heute muß ich sie ernähr'n
Und unsereins darf sich nicht wehr'n

Und auch die Gastarbeiterpest
Der letzte Rest vom Menschenrest

Die sollt man alle das tät gut
Spießruten laufen lassen bis aufs Blut

Das hamwer doch schon mal gehört
Da hat man die gleich streng verhört
Verfolgt gehetzt und für und für
Ins Lager reingepfercht und hier

Hat man sie dann erschlagen all
Die Kinder mal auf jeden Fall
Die hatten keinem was getan
Was ist das für ein Größenwahn

Das lodert auf im Handumdrehn
Und ist auf einmal Weltgeschehn
Denn plötzlich steht an jedem Haus:
Die Türken und Zigeuner raus!

Nur weil kein Mensch derselbe ist
Und weiß und schwarz und gelbe ist
Wird er verbrannt ob Frau ob Mann
Und das fängt schon von klein auf an

Und wenn ihr heute Dreirad fahrt
Ihr Sterblichen noch klein und zart
Es ist doch eure schönste Zeit
Voll Phantasie und Kindlichkeit

Laßt keinen kommen der da sagt
Daß ihm dein Spielfreund nicht behagt
Dann stellt euch vor das Türkenkind
Daß ihm kein Leids und Tränen sind

Dann nehmt euch alle an die Hand
Und nehmt auch den der nicht erkannt
Daß früh schon in uns allen brennt
Das was man den Faschismus nennt

Nur wenn wir eins sind überall
Dann gibt es keinen neuen Fall
Von Auschwitz bis nach Buchenwald
Und wer's nicht spürt der merkt es bald

Nur wenn wir alle in uns sehn
Besiegen wir das Phänomen
Nur wenn wir alle in uns sind
Fliegt keine Asche mehr im Wind.

Grafiken:

Hein Driessen   98
Klaus Martin Meyer   17
Jürgen Pankarz   133
Jürgen von Tomëi   43, 49, 154

Fotos:

Abegglen, Heinz 90; Bauer, Dieter 122; Bauer, Jürgen 151; Baumann, Markus 80 Mitte; Benz, Klaus 16, 51, 119, 155; Brüchert, Victor 83, 87; Brüll, J. H. 23; Dills, Otmar 103; Garbrecht, Alfred 76; Härdi, Peter 167; Hannapel, Werner 120; Hassenstein, W. P. 28; Heinicke, Heinz 63; Hennch Klaus 31 rechts unten, 143; Hohl, Hajo 85; Holnbowsky, F. W. 169; Jehle, Hugo 117; Krämer, Guido 185; Krause, Klaus 40; Kraus, Willi 121 rechts oben, 191; Maaßen, Paul 153 rechts oben; Meyer-Hanno, Georg 96; Obermann, Bernd E. 93; Pommerenke, Dieter 152; Reiter, Klaus 121 unten, 135; Rieben, Eduard 111; Roland-Beenecken, Frank 33 links oben, 74; Rost, Heike 176, 180; Ruppenthal, Rolf 114; Sautier, F. 35, 38; Schinner, Norbert 153 rechts unten, 187; Schlechtriemen, Gaby 81, 149; Schmidt, Julius C. 66; Schneider, Siegfried U3; Schnyder, Eva 80 links unten; Schütte, Kai 80 rechts oben; Strub, Christine 188; Weber, Noel 80 links Mitte, rechts unten; Weisbrod, Bernd 31 Mitte, 123 links Mitte, links unten, rechts oben, 163, 165 rechts; Werners, Franziska 147, 153 rechts Mitte; Wohlfahrt, Leo 70; Ziegler, Wolfgang 79.

Alle übrigen Fotos und Abbildungen entstammen dem Archiv oder Privatsammlungen. In einigen Fällen konnten trotz intensiven Bemühens die etwaigen Lizenzinhaber nicht ermittelt werden; ggfs. wird um Nachricht an den Verlag gebeten.

Das Deutsche Kabarettarchiv bedankt sich auf diesem Wege bei allen, die durch ihre Überlassungen zum Gelingen dieses Buches und zur Förderung des Archives beigetragen haben.